Ich liebe dich trotz Ehering und Sorgen, und Heimat ist nur, wo mit dir ich bin. Fühl ich mich heimlich doch noch Königin, auch wenn uns Wirt und Bäcker nicht mehr borgen. Musik ist, wo du bist. Dein Stirb und Werde. Ja, selbst der Kummer trägt ein schönes Kleid. Viel lieber noch ist mir der Träumer Leid als sattes Glück der wohlversorgten Herde.

(Mascha Kaléko, „Zärtliche Epistel")

Für Leo Zeitler
und Susanne Rudloff

Die Deutsche Nationalbibliothek verzeichnet diese
Publikation in der Deutschen Nationalbibliografie;
detaillierte bibliografische Daten sind im Internet über
http://dnb.dnb.de abrufbar.

© 2022 Skript-Verlag - Wolfgang Reif
Oleanderstraße 12 - 41470 Neuss
Tel. 0 21 37/95 27 88
Fax 0 21 37/95 27 83
Layout, Satz: Wolfgang Reif
Covergestaltung unter Verwendung einer Grafik von adobe.com
Alle Rechte vorbehalten
Taschenbuch ISBN 978-3-928249-65-2
e-Book ISBN 978-3-928249-66-9
www.skript-verlag.de

Vincent E. Noel

Wenigstens kann ich richtig guten Kaffee kochen

Protokoll einer unsichtbaren Sehnsucht

Vincent E. Noel, 1980 im brandenburgischen Guben geboren, lebt seit 1991 in Nürnberg. Das Leben ist eine Kurve - er schließt 1997 die Schule ab, scheitert bei dem Versuch, ein berühmter Musiker zu werden, erkundet dann Europa und verdient sich eine Zeit lang sein Brot in einer Diskothek. Gründet die Literaturgruppe „Mundpropaganda" und kann 2004 sein erstes Buch vorlegen. Seitdem eine Vielzahl an Veröffentlichungen, sowohl in Literaturzeitschriften als auch Einzelveröffentlichungen, dies nicht nur als Prosa, Hörspielproduktionen und Theaterarbeiten, zusätzlich auch Bücher über die Wahrnehmung und eine Biographie Richard Nixons. Arbeitet jetzt in einem Museum und im Nürnberger Filmhaus, ist außerdem Mitglied des Poetischen Theaters und des Pegnesischen Blumenordens.

1. Teil

Emma Z.

Links vom Herd die Küchenwaage, eine angenehm antiquierte Arbeit, links davon meine Saftpresse, daneben der Teller aus Pseudonymsilber, auf dem meine Bialetti angibt, links davon ein Spiralblock mit zwei Bleistiften für die Brieffreundschaft mit meiner Betreuerin: hier hat alles seinen genau richtigen, seinen genau einzigen Platz. Hier kann nichts beunruhigen, nichts das Gleichgewicht zerstören. Hier ist alles in Ordnung. Zwei verschiedene Schriften, oben die meiner Betreuerin, unten meine, auf einem karierten Spiralblock, den hat meine Chefin aus New York mitgebracht und mir geschenkt. Seine Deckblattpappe zeigt die Brooklyn Bridge in einer Schwarzweißnacht voller Klebreisnebel. Links vom Block Bleistifte, sauber sortiert mit ihren Spitzen in Wandrichtung, damit sie nicht beunruhigen können. Siebeneckige Bleistifte mit Gravur: New York Central Library. Vor wie vielen Sommern Frau Knöpping mir den geschenkt hat, das weiß ich gar nicht mehr, sie wahrscheinlich auch nicht. Braucht sie auch nicht zu wissen, weil sie allsommerlich in New York Urlaub macht, sie ist ja nicht umsonst mit einem Architekten verheiratet, ab und an rutscht sie dort auch ins neue Jahr. Ich hingegen darf glücklich sein, jeden Donnerstag vier, fünf Folgen Law & Order anzuschauen, vor allem die Folgen mit Linus Roach als Staatsanwalt Cutter, also den würde ich auf keinen Fall von der Bettkante schubsen. Mein Herz, ach ja, mein Herz ein Tischtennisball. Wenn ich so darüber nachdenke, läuft Law & Order nicht am Donnerstag, sondern am Dienstag. Freitag? Wenn Sie das sagen. Mhm. Egal. Vor dem Teller Kassenzettel und Restgeld, die Münzen dem Wert nach ordentlich sortiert. Und in mir summt seit jenem Montag wieder dieses alte Lied, nicht der ganze Text, immer wieder nur hier eine Zeile, dort eine Zeile, sinnlos wirr wie

Hornissen in einem umgedrehten Glas. Es fiel ein Reif in der Frühlingsnacht, er fiel auf die zarten Blaublümelein. Unablässig, unermüdlich summt dieses Lied in mir, wie man Hornissen eben kennt. Er fiel auf die zarten Blaublümelein, sie sind verwelket, verdorret.

An jenem Montag wurde mein Schlaf kurz vor drei Uhr von Schreien zerrissen. Wenn Sie Kinder haben, wird Sie das nicht überraschen. In meinem Babybettchen war seit acht Uhr abends alles absolut still, blieb alles genau so, wie ich es drapierte, worüber ich nicht böse war, ganz im Gegenteil konnte mich in Ruhe ein Film berieseln, keine Ahnung welcher, dann noch einer, bis Viertel nach eins, dann lief ich weiß nicht was. Egal. Drei Monate alte Babys schreien ununterbrochen, sie schreien und schreien und schreien, und ich glaube, in solchen Situationen befürchtet jeder zuerst ein leichtes Fieber, als zweites irgendwas mit den Zähnen. Also habe ich mich vom Sofa in die Senkrechte gezwungen, bin zum Babybettchen, bin dann zuerst tröstend, ja, alles ist gut, ja, alles ist gut, dann Sinnlosigkeiten summend und die Arme leicht schaukelnd zum Küchenfenster. Müdigkeit. So viel Müdigkeit in mir, so viel Müdigkeit, aber wer ein Kind hat, der kennt das. Mein Herz, ach ja, mein Herz ein leerer Blumentopf. Nachts sind die Dinge besser als in der Helligkeit, nachts gefällt mir die quadratische Diskretion meiner Küchengeräte. Mechanische, im Hintergrund auf ein Handzeichen wartende Diener. Schnörkellose Kompetenz, glattpolierte Oberflächen. Rechts vom Herd die Spüle, über ihr auf einem Brett eine Apparatur, hinter deren Brillenglas ich Käse zerfließen und Ravioli spritzen lassen kann. Ich weiß noch, plötzlich gefiel mir der Gedanke, auf einem Teller einen Block Leerdammer schmelzen zu lassen. Ein Baby könnte das vielleicht bespaßen, mich hundertprozentig. Ich weiß noch, wie ich überlegte, ob diese Apparatur lebendig ist. Lebendige Dinge verbreiten Gerüche. Babys riechen nach warmen Tränen und Milchträumen, ich rieche nach gar nichts. Nachts um drei Uhr ist unten auf der Straße der Tag schon längst beendet, ist nichts Spannendes zu sehen, nur eine lückenhafte Schnur Autos unter einem Notenblatt aus Stromleitungen. Links im Blickfeld der rote Smart der zwei Frauen, die rechts von mir wohnen, gemeinsam in einer Einzimmerhutschachtel. Hinter dem Roten Stoßstange an Stoßstange der Kombi der Nachbarn von der Wohnung genau gegenüber. Ich habe kein Auto, weil ich keinen Führerschein haben darf, weil ich Kopftabletten nehmen muss. Egal. Die zwei wohnen im einzigen Fachwerkhaus der Straße, trotzdem ist der Mann immer schlecht gelaunt, was auch kein Wunder ist bei jemandem, der Lehrer auf einem Brettergymnasium ist. Jeden Freitag bringt er seine Lehrertasche heim, flüchtet dann mit seinem Motorrad aus der Stadt. Unten auf dem Gehweg ein Handgruß zum Fenster, ciao ciao. Sie steht winkend am Fenster? Kann sein, weiß ich nicht. Wenn ja, dann nicht lächelnd. Die lächelt niemals, diese Ehefrauengrapefruit. Grüßt auch nie. Jeden Sonntagnachmittag kehrt er zurück, winkt nicht lächelnd dem Fenster zu, später sehe ich sie zu einem gemeinsamen Spaziergang aufbrechen. Die vielleicht zwanzig Zentimeter Abstand zwischen ihnen sind breiter als der ganze Atlantik.

Irgendwann bin ich wieder zum Babybettchen, habe ich das Lichtspiel über dem Bettchen angestupst, das zaubert so lustig kreisendes Buntlicht an die Zimmerdecke und spielt eine schöne Melodie, ding ding ding, dingdingding ding, ding ding ding, ding ding ding, aber weil Schlaf schöner ist als alles andere, erzielte das keine Wirkung, blieb es im Babybettchen bei den Lippen eines Wesens, das scheinbar schreien möchte, aber doch nicht schreit. Also gleich nochmal das Lichtspiel, ding ding ding, dingdingding ding, ding ding ding, ding ding ding, und ich summte die Melodie und bin wieder zum Kocheckenfenster, öffnete es, rauchte. Auf dem Fensterbrett ein Marmeladenglas, mit Wasser gefüllt, der perfekte Armeleuteaschenbecher. Nein, ein Pflaumenmusglas. Seit drei Jahren darf ich hier in diesem Haus wohnen, in dieser Straße, die nachts charmanter ist als bei Helligkeit, vor allem die vergilbten Schaufenster der schnucklig kleinen Läden. Bergab zuerst eine Silberschmiede, dann ein Trödelladen, dann eine Papiermanufaktur. Die bietet handgemachte Scherenschnitte feil und alte Post- und Landkarten und noch älteres Blechspiel, das Wort habe ich übrigens im Fernsehen gelernt, feilbieten, noch älteres Blechspielzeug, das ich drollig finde. Ein Clown, ein mechanischer Affe mit Postmütze und Trommel, eine fränkisch karierte Biene, die man aufziehen kann. Und über allem das niemals vergilbende Duftwimmelbuch Nürnberger Lebküchnereien und Altstadtbrauereien. Bergabwärts unten an der Kreuzung ein Schnellkochvietnamese, den mag ich, obwohl er bei der Erdnusssauce echt übertreibt. Sein Geschäftsnachbar ist eine Konditorei, die mag ich auch. Eine bescheidene Straße für bescheidene Menschen, Gullideckel, Mülltonnen, Kopfsteinpflaster, hundertzwanzig Schritt entfernt bergauf der Hase beim Dürerhaus, gleich darüber die Kaiserburg. Herz, was willst du mehr. Was ist schlecht daran, was ist falsch an Bescheidenheit? Wissen Sie, ich brauche keinen Schnickschnack, keinen Liebhaber mit Patek Philippe und Penthouse, mir genügt ein Fenster für Frischluft und die Gerüche Nürnbergs. Und Ordnung. Und Stille. Ein Knabe

10

hatte ein Mägdlein lieb, sie flohen gar heimlich von Hause fort. Unermüdlich, unersättlich dieses Lied in mir, gesummt von dieser Stimme wie ein Katzenfell. Sie flohen gar heimlich von Hause fort, es wuss's nicht Vater noch Mutter.

Wozu genau bin ich hier? Ein Kind bedeutet Verantwortung, ein Kind bedeutet Verpflichtungen. Beides addiert nennt sich Leben. Das ist mein Leben? Anstelle meines Gehirns ein Fleischwolf, der unablässig mit Fragen gefüttert wird, nur um diese Fragen zu mehr Fragen zu verwolfen und diese mehr Fragen zu noch viel mehr Fragen, klein und grau wie meine Kopftabletten. Ich weiß noch, wie Großmutter Hermine predigte: Emma, es wird der Tag kommen, an dem du jede Antwort von selber findest. Ihr ganzes Leben lang hat mich Großmutter damit angelogen, denn Antworten fand ich keine. Sobald eine Krähe schreit, stirbt jemand, und die Seele irrt auf ewig ruhelos umher, ihr ganzes Leben lang hat sie das gepredigt. Großmutter Hermine, ach, Großmutter Hermine. Sie holperte bei jedem Krähengeräusch in die Küche, holte einen Topf und einen Holzlöffel, um mit Lärm den Teufel zu erschrecken, damit er sie nicht aus Versehen abholt. Ihr ganzes Leben lang trank sie jeden Morgen Waldobsttee, und jedes Wochenende schummelte sie Kuemmerling ins Teeglas. Irgendwann jeden Morgen. Schließlich ließ sie den Tee weg. Auch an meinem letzten Schultag, als ich heimfuhr, allein, mit meinem Bretterabitur in der Hand, saß sie am Küchentisch, allein, mit ihrem Teeglas in der Hand. Und Ende. Wahrscheinlich hörte sie all den Krähenlärm außen nicht und vergaß deswegen, mit dem Holzlöffel Lärm zu machen. Großmutter Hermine, ach, Großmutter Hermine. Es ist wahr, wissen Sie, während der Busfahrt war der Himmel krähenvoll, doch ohne Wolken.

An jenem Montag jedenfalls habe ich mich wieder hingelegt. Ich schlafe auf dem Sofa, lasse den Fernseher laufen, um nicht allein zu sein, außerdem zermatscht Geflimmer Gedanken. Am Kopfende der Radiowecker mit Leuchtstrichen, die das Gehirn in Zahlen verwandelt. Gegenüber der Fernseher, links von ihm eine billig gerahmte Toskanalandschaft, von meiner Betreuerin gekauft in irgendeinem Möbelhaus. Wissen Sie, ich war noch nie in der Toskana, weiß auch nicht, ob sie mich reizen würde, so als Reiseziel. Im Vergleich zu New York kann die Toskana nur verlieren, logischerweise. Wie immer habe ich das Bild angestarrt, bis es seine Gestalt verlor, milchig wurde. Bis meine Gedanken ihre Gestalt verloren, milchig wurden. Nur noch wenige Augenblicke, bis ich versinke, ich weiß noch, wie ich genau das dachte: gleich versinke ich im Schlaf. Gleich versinke ich. Gleich. Schlaf. Gleich. Sie sind gewandert hin und her, sie haben gehabt weder Glück noch Stern. Unersättlich, unveränderlich dieses eine Lied, ewig diese Liebesromanstimme. Sie haben gehabt weder Glück noch Stern, sie sind verdorben, gestorben. Wäre in diesem Moment mein Märchenprinz aufgetaucht, unten auf der Straße nach mir rufend, ich wäre nicht aufgestanden, hätte ihm nicht die Tür geöffnet.

Früher, daheim bei Großmutter Hermine, fühlte ich mich in der Küche am wohlsten, weil dort immer, immer alles, alles nach ihrem Sonntagsbraten duftete. Rippenbraten vom Pommernschwein mit einer Füllung aus Salzback-pflaumen. Meistens gab es Dillkartoffeln dazu. Dort in der Küche roch nichts nach ihr und nichts nach mir. Also roch nichts nach Müdigkeit und nichts nach nichts. Ich durfte in dem Zimmerchen zwischen dem Bad und dem Treppenhaus aufwachsen, in dem sie in einem Schrank die

Vergangenheit vermotten ließ und in einem anderen Schrank Putzzeug und so. Ein Zimmer groß wie ein Strandbadetuch mit einem Fenster zu den Hinterhöfen der Nachbarhäuser. Wäschestangen, Müllhäuschen, Bierkastenpyramiden. Im Hinterhaus links eine Glaserei. Zwischen dem Fenster und diesen Schränken mein Bett und mein Nachttisch und mein Stuhl, daneben ein Holzregal voller Gläser mit eingelegtem Gemüse. Schwarzwurzeln und Pilze und so, was die Altenleute eben so essen, um ihre Zähne zu schonen. Den Stuhl traute ich mich nie zu bewegen, weil das Bein hinten links kürzer war als die anderen, was mit einem Keil aus gefalteter Pappe ausgeglichen wurde, und den Vergangenheitsschrank traute ich mich nie zu öffnen, weil in ihm Kleidung war und ein Karton Briefe, von Großmutters Stiefvater geschrieben. Der kehrte aus Kreta nicht zurück, hinterließ nur diese Briefe. Ganz oben auf dem Briefstapel ein Kondolenztelegramm mit Hakenkreuz. Der Putzzeugschrank hatte drei Schubladen, in die zwei unteren durfte ich meine Anziehsachen legen, in der obersten verstaubten Großmutter Hermines Tabletten gegen die spontanen September ihrer Menopause. Zwischen den Tablettenschachteln ein zerknitterter Fächer, der nicht mehr morgenrot war. Ich erinnere mich noch genau an das eukalyptusblaue Papier, in das die Tabletten eingepackt waren. Einzeln. Papier, das immer winzige Fussel auf den Tabletten hinterließ und auf den Fingern und am Gaumen. Papier, das abzufummeln eine halbe Ewigkeit kostete und nie vollkommen gelang und den sanftesten Igel in eine Maultiergranate verwandelte. Meine Kopftabletten hingegen warten in entspannenden Plastikdöschen auf mich. Rippenbraten zu zaubern hat Großmutter in Ostpommern gelernt, wo alles mit hundert Jahren Verspätung geschieht, dort durfte sie auf einem Kartoffelhof groß werden, auf dem alles mit noch einmal fünfzig Jahren Verspätung geschieht, weit weg von den Fortschritten und feinen Kleidern und Porzellantassen der großen Stadt. Großmutters Kindheit kannte nur Klatschmohn, salzige Kohldistelsuppe und Muckefuck, meine Kindheit nur eine Großmutter, die jeden Morgen nicht mehr wusste, wo sie am Abend zuvor ihre Pantoffeln abgestellt hatte, weil das mit dem Gedächtnis ab einem ungewissen Alter ein echtes Trauerspiel ist. Ich weiß noch, wie sie mich lehrte: Emma, Besitz macht nicht glücklich, Sehnsucht macht nicht glücklich. Ihr ganzes Leben lang hat mich Großmutter damit angelogen, denn innerlich verdorrte sie vor Sehnsucht danach, noch einmal nur, ach, noch einmal nur die Ostsee zu sehen. Diese faule, diese ferne, diese fette Ostsee. Ganz früher zählte sie die Stunden bis zu jenem Tage, später dann die Wochen, am Ende hoffte sie nur noch. Als ich in der sechsten Klasse war, ist sie für eine Woche ins Siebengebirge gefahren, aber das hat sie nicht glücklich gemacht. Dort ist sie gewandert wohl hin und her, dort hat sie gehabt weder Glück noch Stern. Im Vergleich zu New York kann das Siebengebirge nur verlieren, logischerweise. Ich habe Großmutter so oft beobachtet, wie sie am Küchenfenster stand mit ihrem Teeglas in der Hand. Auf dem Fensterbrett Blumentöpfe mit heute vergessenen Zauberheilkräutern, Beinwell Eibisch Grindelle Gundelrebe Hauhechel Helenenkraut Trauermantel und so, die sie eigentlich besser weniger Hunger haben und besser verdauen und daher besser schlafen lassen sollten, trotzdem aber verharrte sie demütig dort, schüchtern und klein. Oder nicht trotzdem, sondern deswegen? Ich weiß doch auch nicht. Großmutter Hermine, ach, Großmutter Hermine. Ein Lebewesen wie ein Almosen. Ewigkeiten lang eine Straße anstarrend, in der es nichts Anstarrenswertes gab. Und das Abbruchunternehmen namens Zeit hinterließ endlos viel verdorrte Kindheit in ihrem Gesicht. In mir ein Magnet, der meine Hand auf ihren Arm legen wollte oder um ihre Taille. Großmutter, Großmutter, warum hast du so traurig leere Augen? Ich weiß nicht, ob traurig das richtige Wort ist, von einem Schleier vor ihren Augen zu sprechen trifft es auch nicht, weil Schleier uns Frauen ergeben wirken lassen und geheimnisvoll. Wissen Sie, sie wirkte zu weich, zerwalkt und wie abgehangenes Fleisch irgendwie mit zunehmender Nähe zu Asche und Staub. Und ich wollte schreien in solchen Momenten, mir war so sehr nach Weinen, Frau Doktor, mir war so sehr nach Weinen, aber ich habe tatsächlich nie meine Hand auf ihren Arm gelegt oder auf ihre Taille, denn wenn ich mich ihr näherte, schob sie mich weg und versteckte sich unter einem Lächeln wie Stachelbeerkompott. Pinselte mit einer Hand über mein Haar, gab mir mit der anderen einen Klaps auf den Po, Frau Doktor, vorsichtig nur, damit meine Körperteile nicht zerbrechen, ließ dann dort auf meinem Cord ihre Hand in einer Abschiedsgeste liegen, während sie über alles Mögliche andere redete, nur um nicht mit mir zu reden. Und in mir am Ende jeder dieser Tage heimlich, unbesiegbar ihre Stimme wie Eulenseufzer. Wir brauchen keine Worte, Emma, wir sprechen mit unseren Herzen. Nein, Emma. Wir brauchen keine Worte, wir sprechen mit unseren Herzen.

Könnten wir eine Zigarettenpause machen, bitte?

Eigentlich haben wir niemals miteinander gesprochen, Groß-mutter Hermine und ich. Sie redete, ich hörte schweigend zu. Was kostet schon ein Schweigen? Eben, ganz genau. Die Leere zwischen ihren Worten füllte ich mit Zustim-mungsnicken. Was kostet schon ein Nicken. Von Jahr zu Jahr weniger Worte und längere Pausen zwischen ihnen. Ihr

Wortschatz ein Einmachglas, das immer seltener geöffnet wird. Einen schönen Menschen erkennt man an seinem schönen Herzen, aber nicht jeder schöne Mensch hat auch ein schönes Herz. Ihr ganzes Leben lang hat Großmutter das gepredigt, meine ganze Kindheit lang wurde sie gefragt, wer dieser Bohnenstangenbub an ihrer Seite ist, was mich kränkte, was mich natürlich kränkte, innerlich, denn wer in einer großen Stadt lebt, der sollte eigentlich wissen, dass auch Mädels kurzes Haar tragen können. Als hätte ich jemals wie ein Junge ausgesehen, als könnte ich nicht die Arme schöner heben wie jede Ballerina. Als jede Ballerina? Wenn Sie das sagen. Mein Schatten dabei wie ein antiker Henkelkrug. Als würde ich mich nicht vom Bleistift zur Sanduhr verändern und trotzdem noch alle in Himmel und Hölle besiegen. Egal. Logischerweise langweilte mich der Unterricht, weil Geschichte sowieso nur eine Märchenstunde mit Ritterrüstung ist und Physik etwas für Leute, die keine Freunde haben. Außerdem braucht man für Kommaregeln und Jahreszahlen kein Gefühl, für Kosmetik aber schon, also übte ich in der Schule auf dem Mädchenklo, wie man sich schminkt und wie man aus dem Fenster raucht. Wissen Sie, da war eine Mädchenclique, angeführt von Vanessa, nur durch Zuschauen lernte ich bei ihr, wie man die Lippen aufeinanderpressen muss, wenn man sie mit Lippenstift glasiert. Wie man den Stift für die Augenbrauen richtig greift und bewegt. Wie man Kaugummiblasen zaubert und Bananen so isst, dass Jungs halb in Ohnmacht fallen. Und wie man mit einer Puderquaste das Gesicht in dieses Elfenbeinschimmern verwandelt, in dessen Inneren ich so gerne, ach ja, so glühend gerne glitzernd, gedankenfrei glücklich eingeschlafen wäre, ohne Neid und so. Prinzessin Vanessa mit ihren Augen wie ein Heiratsantrag. Ihr gelangen solche Feenkunststücke mit einer Routine, die mich zuerst wütend machte, dann nervös. Abschließend hätte ich gerne geweint, habe ich aber nicht geweint, weil es gongte, und wer bei Mathe fehlte, der hatte ein Problem. Herr Doktor Grominski, wie könnte ich diesen Namen vergessen, der jedes Mal mit dem gigantischen Geodreieck auf die Tischplatte klatschte, sobald wir nur zwei Minuten lang nicht aufmerksam genug zuhörten. Gideon Grominski, Arzt der Mathematik, mit seiner Nickelbrille über einem rotgrauen Barttablett. Er liebte Musicals und kämmte sein Haar nach vorne wie die griechischen Kaiser. Römische? Wenn Sie das sagen. Mhm. Egal. Jedenfalls erklärte uns der Doktor, dass Zahlen immer die Wahrheit sagen, und das stimmt, weil die Lüge schon fünf Mal um die ganze Welt gelaufen ist, bevor sich die Wahrheit überhaupt die Schuhe angezogen hat, eine Acht aber bleibt auch dann eine Acht, wenn man sich auf den Kopf stellt oder wenn die ganze Welt zusammenbricht, ernsthaft, Sie brauchen gar nicht so zu lächeln, sagen Sie mir, was sonst als eine Acht ist eine Acht, was sonst als hundert Gramm Gelbwurst sind hundert Gramm Gelbwurst und was sonst als ein Pfund Jacksonbohnen ist ein Pfund Jacksonbohnen? Eben, ganz genau. Als ich an jenem Tag mit dem Bus nach Hause zur Großmutter fuhr, begriff ich plötzlich, wie recht Doktor Grominski hatte. Das fühlte sich gut an, wissen Sie, das fühlte sich so einfach gut an, mein Herz, ach ja, mein Herz ein Kolibri in all dem Regen. Kolibris können rückwärts fliegen, wussten Sie das? Natürlich. Ich habe das nachts im Fernsehen gelernt, ebenso, dass Tauben keine Galle haben und Waschbären ihre Daumen drehen können und dass man mehr wie achtzig Espressi hint, bitte, ja, natürlich, mehr als achtzig Espressi hintereinander trinken müsste, um an einer Überdosis Koffein, bye bye, schnöde Welt, und Ende. Egal.

Jedenfalls, der Tag damals nur Regen. Regen Regen Regen Regen. Bei einer Ampel im Rinnstein, wieso erinnere ich mich daran, so etwas wie ein verlorener Liebesbrief. Und Regen löst die Tinte auf und spült die Liebe in die Gosse. Keine Ahnung, woher ich diesen Satz habe, wahrscheinlich habe ich ihn auch nachts im Fernsehen gelernt. Egal. Vanessa also als Prinzessin Problemlos interessierte sich für nichts anderes als die Zahl der Jungs, die sich nur um Haaresbreite nicht aus Liebeskummer vom Schuldach stürzten. Jetzt interessiert sie sich für gar nichts mehr, hat sie nichts mehr als ihre Sackgassenerinnerungen, weil sie in einem Sonnenstudio arbeitet und ihre Haut die einer getrockneten Tomate ist, jetzt ist Prinzessin Vanessa nur noch nicht schön, aber selten. Ich hingegen bin weder schön noch selten, war es damals nie und bin es heute nie. Wissen Sie, Frau Doktor, schon bei Licht mir die Zähne zu putzen quält mich, weil das lächerlich aussieht und dumm. Punkt. Ich weiß noch, wie meine Chefin einmal zu mir sagte, ich sähe aus wie eine Frau, die zu viele Zitronen gegessen hat. Da habe ich zwei Wochen erst im Café gearbeitet oder drei. Frau Knöpping hat mich von Kopf bis Fuß dabei gemustert, sie hat das scherzhaft gesagt, aber ernst gemeint und seltsam gekränkt, weswegen ich sofort ihre Stimme in mir höre, sobald ich mich im Spiegel sehe. Emma sieht aus wie eine Frau, die zu viele Zitronen gegessen hat. Emma Frau Zitronen. Frau Zitronen Frau. Emma Zitronen. Zitronen Emma Zitronen. Das hört niemals auf.

Manchmal ziehe ich mich daheim aus und betrachte mich im Spiegel, ich erinnere mich, einmal Ende November, zuletzt im März, und trotz der vielen Wochen dazwischen habe ich keine Veränderung an meinem Körper entdeckt. Ich,

18

vielleicht zwei, drei Kilo älter, immer mit Augen wie Kerzen hinter Pergamentpapier. Meine Augen genauso dumpf und glanzlos, mein Haar so pechmarieblond wie immer zuvor. Der Rest meiner Hülle ebenso unverändert. Die Haut weder gelb noch käseblass, weder meine Wangenknochen noch meine Ellenbogen krankhaft spitz hervortretend, und meine Adern keine meersalzblau schimmernden Röhren, wie man das von den Magersüchtigen kennt. Ich im alltäglich selben Körper mit demselben Blick, denselben leicht nach unten gebogenen Mundwinkeln wie immer zuvor. Ich schlicht eine Frau, die ihr nackiges Spiegelbild betrachtet mit dem Gesicht eines Menschen, der zu viele Zitronen gegessen hat. Emma Zitronen Emma. Emma Zitroma Emne. Emtrone Zima Emma. Einatmen ausatmen, einatmen ausatmen. Bitte verzeihen Sie. Einatmen ausatmen, einatmen ausatmen. Nicht schreien, Emma, nicht schreien. Konzentration. Emma, ach, du siehst aus wie deine Mutter, ihr ganzes Leben lang hat Großmutter Hermine das gepredigt. Ich weiß nicht, ob das stimmt, weil mich meine Mutter ein halbes Jahr nach meiner Geburt in Stich gelassen hat, indem sie gestorben ist. Vielleicht hielt sie mich zuvor auf dem Arm mit meiner Stirn ganz nah an ihrem Herzen, Sinnlosigkeiten summend und mich schaukelnd? Keine Ahnung. Wahrscheinlich sang sie mir ein Lied, wenn ich schlafen sollte, vielleicht nicht den ganzen Text, immer wieder nur hier eine Zeile, dort eine Zeile. Auf ihrem Grab Blaublümlein blühn, umschlingen sich zart wie sie im Grab. Unveränderlich, unausgeschlafen, wie man Mütter eben kennt. Umschlingen sich zart wie sie im Grab, der Reif sie nicht welket, nicht dorret.

Wissen Sie, meine Mutter ist mir egal. Und mein Vater ist mir noch mehr egal, weil Großmutter ihn nicht leiden konnte. Sie hat mir nie erklärt warum, aber es wird nicht ohne Grund in ihrer Wohnung nur ein einziges Foto von ihm gegeben haben, ganz hinten im Flur mit einer Reißzwecke an die Wand neben der Klappe vom Sicherungskasten geheftet. Darauf erkennbar ein Linksscheitel und eine Art Oberkellnerbart. Links davon eine Frau, die zu viele Zitronen gegessen hat und deren rechter Fuß das Foto immer leicht schief hängen ließ, weil er einen Tacken größer als der linke war und deswegen seine Fotoseite nach unten zog. Als Hintergrund Wellen und über den Wellen ein Himmel in derselben Farbe voller Wolken in derselben Farbe. Der gleichen? Wenn Sie das sagen. Mhm. Egal. An jenem Montag jedenfalls bin ich aufgestanden, unausgeschlafen wie sonst. Aber was will man machen, wenn die Pflicht ruft, deswegen vorher die Dusche und überhaupt das Bad. Trödeln kannst du, wenn du tot bist, Emma, das hat Großmutter Hermine ihr ganzes Leben lang gepredigt.

Am Kopfende vom Sofa also der Radiowecker, der jeden Morgen viel zu früh zu toben beginnt. Vielen Dank auch, aber was will man machen. Wenn ein Wecker tobt, tobt auch ein Baby, und wenn ein Baby tobt, hört es nicht mehr auf zu toben. Und dann fängt es an zu schreien, und wenn ein Baby schreit, dann hört es nicht mehr auf zu schreien. Und es schreit und es schreit und es schreit, es ist zum Ausderhautfahren. Wenn Sie Kinder haben, werden Sie das kennen. Werden Sie das Gefühl kennen, mit dem ich mich aus dem Sofa gehievt und in die Senkrechte gezwungen habe. Werden Sie eine Welt aus nichts als Genickschmerzen kennen, ein Leben aus nichts als Durst und dieser Einbahnstraßensehnsucht nach Schlaf. Schlaf Schlaf Schlaf. Schlaf ist schöner als alles andere. Morgen für Morgen schlurfe ich zur Kochecke mit den Händen auf meine Ohren gepresst, an jenem Morgen auch, ich stand am Fenster und habe nachgedacht, ohne nachzudenken, wie in all meinen alltäglich ersten Minuten. Außen der Himmel wolkenvoll und ohne Krähen. Aus einem Abflussgitter stieg Nebel auf. Ein Transporter stotterte vorüber, Sekunden später ein Getränkelieferant. Tatsächlich gibt es Tage, an denen ich problemlos aufwache, Wecker Kaffee Zigarette Klo Dusche Babybettchen Zigarette Frühstück Abmarsch. Meistens aber krieche ich in den neuen Tag hinein wie eine Schnecke in ihr Haus. Bin ich in einen mir kaum bekannten Körper gepfropft, einen zu unhandlichen. Hätte mir keine Zigarette anzünden sollen, weil der Kaffee noch nicht fertig war. Hier und dort wurden Rollos hochgezogen, hier und dort gab es Menschen, die aufwachen, einen Körper haben, Kaffee aufsetzen, Frühstück vorbereiten. Menschen, die leben. Mein Frühstück alltäglich Kaffee, ein Glas Obstsaft, Rosinenmüsli, am liebsten mit einer Prise Zimt dazu und gehackten Feigen. Mein Jedenmorgenmüsli esse ich immer aus einem Terracottaschälchen, einer Handarbeit, die Frau Knöpping aus New York mitgebracht hat, selbstverständlich hat sie die aus New York mitgebracht, woher denn sonst, weswegen das Schälchen auch nicht weiß ist, nein, sondern brooklynbeige. Im vorletzten Sommer hat sie die gekauft, glaube ich, mindestens im vorletzten, natürlich nicht als Einzelstück nur für mich, vier Sechserpacks hat sie gekauft in einem Amish Market in Tribeca, der betreibt auch eine eigene Rösterei und hat sogar Bohnen aus St. Helena im Angebot, Green Tipped Bourbon für zweihundertfünfzig Dollar das Viertelpfund, ich lüge nicht, zweihundertfünfzig Dollar, und von den Schälchen hat sie jeder Mitarbeiterin eine geschenkt, die anderen nehmen wir im Café für den Café au lait. Aber egal. Jedenfalls habe ich mein Geschirr aufgeräumt, bin dann ins Bad. Links vom Waschbecken die Waschmaschine, über dem Waschbecken mein Schminkspiegel, daneben die Dusche, gegenüber unterhalb des Klappfensters der Porzellanthron: hier hat alles seinen genau richtigen, seinen genau einzigen Platz. Zahnpasta und Zahnbürste, Schminksachen, Hygieneartikel, Handtücher, Fön und Ladyshave und alle diese Sachen, mit denen sich die Babyindustrie eine goldene Nase verdient. Vor dem Klappfenster ein Brett, schmal wie mein Handgelenk, auf dem Brett als Topfpflanzenelement eine botanische Unglaubwürdigkeit namens zweiblättrige Meerzwiebel. Eine Scilla bifolia, wie könnte ich diesen Namen vergessen. Scilla bifolia. Scil. La. Bi. Fo. Lia. Links noch ein Brett, darauf sammle ich Putzzeug und Waschmittel und Rohrreiniger und so weiter, weil man Chemie ja schließlich immer außerhalb der Reichweite von Kindern aufbewahrt. Gelernt ist gelernt, Frau Doktor. Weder der Fön stellt eine Gefahr dar noch die Schachtel mit den Klosteinen oder die mit meinen Kopftabletten, nein, niemand kann mir vorwerfen, hier würde irgendetwas eine Babygefahr darstellen. Seit fünf Monaten lasse ich die Badtür immer offen, weil das Deckenlicht kaputt ist. Nein, seit sechs Monaten. In sechs Monaten habe ich es nicht geschafft, eine neue Glühbirne zu kaufen. Zuerst kam die zweite Coronawelle, mit der zweiten Welle dann auch die dritte, und ich war wochenlang nur zuhause, weil die Regierung darum gebeten hatte. Natürlich hätte ich danach zum Saturn gehen können, nur so als Beispiel, immerhin ist der nur hundertachtundvierzig Schritte vom Café entfernt, und nach Feierabend einen solchen Minimalumweg zu gehen ist eigentlich nicht das Problem. Will sagen, sollte eigentlich nicht das Problem sein. Eigentlich. Aber ich habe das nicht geschafft, was soll ich sagen, ich habe das einfach nicht geschafft. Vor zwei Monaten habe ich Frau Gottbier im Spiralblock gebeten, sie möge mir eine neue Glühbirne mitbringen, ich habe sogar bitte geschrieben und unter meine Zeilen mit Blaubuntstift eine Blume gemalt, aber sie hat mir geantwortet, dass ich das doch alleine schaffe. Nur Mut, Emma! Genau das hat sie geschrieben und meinen Namen mit Lippenstiftsmileys umzingelt. Egal. Jedenfalls habe ich geduscht, habe meine Zähne geputzt und mich angezogen. Ein Babyfrühstück zuzubereiten kostet Zeit, mein Frühstück nicht. Aber ich habe mir einen Moment eigener Ruhe gegönnt, indem ich eine Birne aus dem Kühlschrank genommen und gegessen habe, ganz langsam. Es fühlt sich schön an, finde ich, wenn der Fruchtsaft vom Handgelenk aus die Arme abwärts tropft. Wie immer hielt ich den Ellenbogen über einen Unterteller, sammelte sich der Saft tränenweise in ihm, wie immer streckte ich die Zunge aus und ließ Obstkerne auf den Teller fallen, einzeln, einen nach den anderen. Das mag zwar nicht schick sein, aber schön, weil es einen Klang voller sorgloser Harmlosigkeit erzeugt, einen Klang, der mein Leben symbolisieren könnte. So habe ich zumindest immer gehofft. Dann bin ich ins Bad, habe mir die Hände und Arme abgeseift, habe sie abgetrocknet. Habe sie noch einmal abgeseift, noch einmal abgetrocknet. Im Wohnzimmer Stille, im Babybettchen Stille. In der Stille kann nichts beunruhigen, wissen Sie, in der Stille kann nichts das Gleichgewicht zerstören. Aber ich musste zur Arbeit, musste meine Schuhe anziehen und meine Jacke. Trödeln kannst du, wenn du tot bist, Emma. Fast hätte ich meine Handtasche vergessen vor lauter Hektik. Vor lauter Angst, zu spät zu kommen. Emma trödeln tot. Emma tot. Trödeln Emma trödeln. Einatmen ausatmen, einatmen ausatmen. Schon begann wie jeden Morgen diese Stimme in mir zu erklingen. Es fiel ein Reif in der Frühlingsnacht, er fiel auf die zarten Blaublümelein. Unausgeschlafen irgendwie erfüllte mich dieses Lied, diese Stimme, unaussprechlich kopfkissenweich. Er fiel auf die zarten Blaublümelein, sie sind verwelket, verdorret. Hätte mein Märchenprinz unten auf der Straße auf mich gewartet, in seinem Oldtimerporsche mit laufendem Motor, um mit mir durchzubrennen, ich weiß nicht, ob ich gezögert, ob ich nein gesagt hätte.

Links von meiner Wohnungstür die Treppe, zweiunddreißig Stufen abwärts zum Erdgeschoß. Überall Geruch von Sellerie Dosenravioli Armeleutemüll. Im Treppenhaus immer flüchtige Sohlen, meistens Begegnungen ohne Blickkontakt, niemals gründliche Grüße. An den Briefkästen vorbei zwei Stufen abwärts, dahinter gleich die Hoftür, wo sich große Leute oft den Kopf oben am Treppenabsatz anstoßen. Zwei Stufen abwärts, bei denen ein hundertvierundneunzig Zentimeter großer Gentleman auch morgens unter Zeitdruck, wenn er vor dem Weg zur Arbeit noch schnell den Müll wegbringt, nicht vergessen sollte, den Kopf einzuziehen. Mein Prinz ist nicht nur einhundertvierundneunzig Zentimeter groß, nein, er hat auch die gleiche Schuhgröße wie Barack Obama, das hat er mir einmal erzählt, als er auf einen Espresso doppio im Café vorbeischaute. Einen regentagblauen Anzug tragend, perfekt geschnitten unterstrich der sein Profil eines New Yorker Staatsanwalts, der auf seine Krawatte verzichtet. Sein Haar elegant, seine Rasur makellos, die Art, wie er die Tasse hielt und zum Mund führte sowieso. Ma. Kel. Los. Diese Lippen, Himmel, diese Lippen. Eine Frau erkennt ihren Prinzen an Details wie diesem Butterkekslächeln, das er offiziell der Espressotasse widmet, in Wahrheit aber der Frau hinter der Theke. Dieses Lächeln, das er mir widmet. Dieses Lächeln, das gewinnt. Wissen Sie, Frau Doktor, zuerst war das nur so ein

Gefühl, zuerst war ich verwirrt, zuerst musste ich mir selbst verbieten, mich geschmeichelt zu fühlen, ich meine, ganz ernsthaft und bei allem gebotenem Respekt, immerhin bin ich offensichtlich nicht hübsch, denn mein Teint, denn mein ideenloses Haar, denn außerdem ist mein linkes Ohr doch abstehender als das rechte, oder etwa nicht? Irgendwann begriff ich, nein, das war eben nicht nur so ein Gefühl. Wir brauchen keine Worte, Emma, wir sprechen mit unseren Herzen, das hat mich die Großmutter gelehrt, weswegen Emmas Herz Details erkennt und begreift, Emmas Augen etwa, die an seinen Lippen kleben und an seinen Fingerspitzen. Diese Fingerspitzen, du lieber Gott, wie sie über den Tassenrand streichen. In meinen Gedanken nicht über den Tassenrand. So oft musste Marius nach seinem geliebten Espresso doppio gleich weiter, so oft, und ehrlich gesagt kränkte mich das jedes Mal, natürlich kränkte mich das jedes Mal, innerlich, aber ich musste es akzeptieren. Ich habe es auch akzeptiert, weil ich ja nicht blöd bin und weiß, dass Architekten niemals Zeit haben. Beinahe sprang er zu seinem so magisch blaublümleinblau lackierten Oldtimerporsche, selbst in dieser Eile männlicher und eleganter wie alle anderen Männer zusammen, ließ er mich allein zurück mit meinen Dienstmädchengedanken. Ja doch, als alle anderen. Allein mit seinem Duft von Minzshampoo und seinem Lächeln, das sich in meinen Augen meinem Herzen auf meinen Brustwarzen spiegelt und verdoppelt. Geh nicht, Marius, nein. Geh nicht. Bleib, bitte, bleib nur eine kleine Weile. Zwei Minuten oder drei. Vergiss einfach den Termin, schließe das Café ab, dreh das Schild an der Tür um, um mich auf der Theke, Sie wissen schon. Was nun das Haus betrifft, entschuldigen Sie, seit ich Kopftabletten nehmen muss, kann ich mich kaum konzentrieren, dieses Haus hat acht Briefkästen für acht Wohnungen. Im Hof drei

Mülltonnen. Nein, vier. Zwei für Hausmüll, eine für Biomüll und eine für Papier. Die quillt am schnellsten über, vor allem dank der zwei Frauen rechts von mir, weil die zwar viel im Internet bestellen können, aber wenn es darum geht, Kartons zu zerfalten, nur so als Beispiel, da fällt ihnen plötzlich ein Zacken aus der Krone. Dona Brünettia und Dona Blondia können ja nicht einmal die Adressaufkleber abreißen. Und die Plastiktüten vom Mitnahmeessen ordentlich zu entsorgen ist auch so eine Arbeit, die für sie noch nicht erfunden wurde, offensichtlich, nein, die deponieren sie einfach zwischen den Mülltonnen. Dona Brünettia holt jeden Montag beim Schnellkochvietnamesen Garnelen mit Erdnusssauce, selbst im dicksten Dezemberhagel derart dünn bekleidet, will sagen, immer derart eng bekleidet, dass man ihr die Kälte selbst von meinem Fenster deutlich ansieht, Sie verstehen, will sagen, immer ein Spaghettitop tragend präsentiert sie die Tattoos auf ihren Unterarmen. Auf dem linken Unterarm eine in Scheiben geschnittene Eidechse, auf dem rechten drei miteinander verflochtene Opiumblumen. Das Top an jenem Montag ein weiß und spargelgrün gestreiftes, daran erinnere ich mich ganz genau. Wie jedes Mal rauchte sie bei der Rückkehr noch im Innenhof eine Tüte, weil Dona Blondia was mit der Lunge hat, was logisch ist bei einer Parfümverkäuferin. Vom Fenster neben dem Babybettchen aus sehe ich dort unten Rauch aufsteigen, sehe ich ihre dürren Arme, den dürren Inhalt ihrer Jeans. Das wirkt so hilflos, irgendwie, wissen Sie, weil doch Essen kein Verbrechen ist. Egal, Konzentration. Es fiel ein Reif in der Frühlingsnacht, er fiel auf die zarten Blaublümelein, sie sind verwelket, verdorret. Mit diesem Lied im Ohr bin ich also los zur Arbeit, und als ich das Haus verließ, war der Himmel über mir krähenlos und ohne Wolken.

Sofort, sofort hinter der Haustür beginnt das Chaos. Hinter der Haustür hat nichts einen festen Platz, wissen Sie, draußen auf der Straße bietet nichts Gleichgewicht und Sicherheit. Der Weg von der Wohnung bis zur Arbeit zuerst dreihundertfünfundvierzig Schritte bis zum Spielzeugmuseum, achtzig Schritte weiter an dem Eckladen vorbei, der Macarons verkauft und unglaublich flatterhafte Marzipanmärchen. Über die Kreuzung und über die Karlsbrücke. Bei der Krötzleinsmühle weiter geradeaus durch das hohle Gässlein hinauf zur Färberstraße. Ein Treppengässlein mit vierzehn Treppenstufen. Links abbiegen, fünfundsechzig Schritte bis zum Knöpfleinsberg, dort links sechzehn Treppenstufen abwärts. An jenem Montag hätte ich fünf Minuten weniger trödeln sollen, dann hätte ich dort innehalten können. Hätte eine Zigarette lang den Blick auf die Burg genießen können. Trödeln kannst du, wenn du tot bist, Emma. Und weil ich nicht tot bin, lebe ich nicht nur für die Arbeit, sondern auch für die schönen Momente. Wissen Sie, das hat uns unsere Lehrerin auf der Hauswirtschaftsschule immer gepredigt, drei Ausbildungsjahre lang, wenn wir zum Beispiel gut gekocht haben und dann gemeinsam aßen. Frau Schuhkauf, wie könnte ich diesen Namen vergessen. Frau Schuhkauf trug immer schwarze Kleidung und kurz geschnittenes Haar. Ihr Mund lächelte nie, ihre Augen immer. Wissen Sie, es gibt diese Menschen, die betreten einen Raum, und alles wird heller und besser, und Frau Schuhkauf war einer dieser Menschen. Meine Betreuerin war anders, aber das muss ja auch so sein in ihrem Beruf. Wenn ich jetzt darüber nachdenke, war ich am Anfang echt gemein und blöd zu ihr, ich meine, da kam ein Brief vom Gericht, in dem mir gesagt wurde, dass Frau Gottbier ab sofort für mich zuständig ist, weil Paragraph soundso und weil blablabli, blablabla.

Also beschloss ich logischerweise, sie nicht zu leiden. Drei Monate Geduld musste Frau Gottbier aufbieten und jede Menge Überredungskunst, bis ich ein Wort mit ihr geredet habe. Bis ich sie überhaupt gegrüßt habe. Sagen Sie es mir, Frau Doktor, ist das bescheuert oder ist das bescheuert? Aber eines Tages kam ich von der Arbeit nach Hause und sah den Spiralblock neben meiner Bialetti und auf seiner ersten Seite genau diesen Satz geschrieben, deswegen hatte sie es verdient, dass ich ihr vertraue. Emma, wir leben für die schönen Momente. Mit genau diesen Worten hat mich Frau Gottbier auch dazu überredet, in der Weihnachtsmarktzeit mit ihr durch die Stadt zu bummeln. Bummeln bedeutet, drei Stunden lang von einem Schaufenster zum nächsten geschleift zu werden, um Schwachsinn anzuhimmeln, den Sozialpädagoginnen hinreißend finden. Lammfellimitate, Wintermützen, Schachspiele und Lampen aus Möchtegernkristall. Grauenhaft. Mein Mund lächelte drei Stunden lang, meine Augen keine Sekunde. Meine Augen zählten die Schuhe, die mir auswichen und denen ich auswich. Schuhe, die mich störten und die ich störte, allesamt ungeduldig matschverkrustet. Einatmen ausatmen, einatmen ausatmen. Dann tauten wir uns eine Stunde lang unter einem Heizpilz am Fleischmarkt mit dem teuersten Kinderpunsch der Stadt auf und beglotzten den Fluss, in den ich gerne so viele Leute geworfen hätte. In den ich Frau Gottbier gerne geworfen hätte. Noch mehr störende Schuhe, noch mehr Ungeduld. Wenige Enten oder Gänse oder so auf dem Fluss, vorübertreibendes Plastikleergut. Einatmen ausatmen, einatmen ausatmen. Nicht schreien, Emma, nicht schreien. Frau Gottbier hatte immer noch nicht genug und ließ uns eine Stunde im Innenhof vom Spielzeugmuseum mit noch mehr Kinderpunsch verplempern, obwohl dort noch viel mehr

Gedränge und Ungeduld war und das Personal wie immer legendär unfreundlich. Der Himmel über uns wolkenfrei und trotzdem grau wie schlechter Grießbrei. Daheim musste ich, nur Tränen, nur Nase und Gänsehaut, meine Badezimmertür verriegeln und das Duschwasser aufdrehen. Musste ich die Morsezeichenpanik ihres Fingerknöchels ignorieren, der an die Tür klopfte und klopfte. Ihre Stimme, die meinen Namen rief. Emma, mach keinen Quatsch. Emma, das war doch lustig. Emma Quatsch lustig. Emma lustig Quatsch. Quatsch Emma lustig. Emma Emma Emma Emma Emma. Einatmen ausatmen, einatmen ausatmen. Ganz im Ernst, nein, wissen Sie, Emma fand das gar nicht lustig, nein, Emma hat auch keinen Quatsch gemacht. Emma hat schlicht nicht reagiert, nein, Punkt, Emma hat sich nackig ausgezogen, hat zur Nagelschere gegriffen und fing an, all den Lärm, all das Gedränge und die zu vielen Gerüche aus sich herauszuschneiden, aus Emmas Leber und Gallenblase und aus ihrem Dickdarm und wie sonst noch all diese schleimigen Dinge in uns hei, reingefallen, das war ein Scherz, mir ist einfach nur das Nagelset vom Waschbeckenrand gefallen. Eine Stunde lang habe ich all den Lärm und Gestank und all das Gedränge abgeduscht, bis meine Haut die einer Wasserleiche war. Das Wasser heiß heiß heiß heiß heiß. Irgendetwas hörte ich die Tür zuknallen und klatschte jubelnd in die Hände, bin splitternackig zur Kochecke, wo im Spiralblock eine Nachricht auf mich wartete. Die Seite habe ich ungelesen herausgerissen und fetzenweise im Klo hinuntergespült. Wollte sie eigentlich im Waschbecken verbrennen, wie man das mit Fotos von Ex-Freunden macht, aber das habe ich mir doch verkniffen. Wenn Sie Kinder haben und eine Wohnung mit hysterisch hochsensiblen Rauchmeldern, dann werden Sie das verstehen. Und während ein Papierfetzen nach dem anderen in die Kloschüssel rieselte, hoffte ich auf Prinzenschritte vor meiner Tür, aber kein einziger Schritt war zu hören, nur gemeinsamer Frauenlärm in der Wohnung rechts von mir. Ich hoffte auf eine Prinzenstimme, die meinen Namen wispert, nicht den irgendeiner Frau, nein, meinen Namen in diesem Tränengeschwätz. Und als ich dann die Duftkerze auf meinem Sofatisch anzündete und mich in meine Kuscheldecke wickelte, hätte ich schwören können, jemanden weinen gehört zu haben. Diese Duftkerze verbreitet orangenes Licht und Kürbiskuchenduft, und dieses Licht und dieser Duft addierte sich plötzlich zu Müdigkeit. Müdigkeit. So viel Müdigkeit. Ein Knabe hatte ein Mägdlein lieb, sie flohen gar heimlich von Hause fort. Unaussprechlich, unwiderruflich diese Stimme kalt wie die Tinte einer Beleidskarte. Und soll ich Ihnen etwas sagen? Mich im Schlaf auflösend verstand ich, dass ich selbst und ganz allein weinte und tief in meinen Matrjoschkagedanken verschwand. Sie flohen gar heimlich von Hause fort, es wusst's nicht Vater noch Mutter.

Manche Dinge lassen niemanden lächeln. Streikende Müllmänner, nicht ausbezahlte Überstunden, kalt gelieferte Pizza. Menstruation. Eltern, die sterben. Frau Knöpping hat ihren Schwiegervater letztes Jahr im April verloren, am ersten des Monats. Wissen Sie, Frau Doktor, ich, zu sehr Personal, tatsächlich zu sehr Dienstmädchen, kann zwar richtig guten Kaffee kochen und bin gut genug, um mich für Groschentrinkgeld bedanken zu dürfen, aber ich weiß nie in solchen Situationen, wie mich verhalten. Damals hätte ich Frau Knöpping noch gerne getröstet, wäre gerne einfach dagewesen mit einem Ohr, das zuhört, einem Herzen, das begreift und mitfühlt. Einer Hand, die festhält. Aber trauert nicht jeder Mensch auf seine eigene Art? Der erste weint, der zweite ist kaum ansprechbar, der dritte säuft wie ein Bataillon bulgarischer Bauarbeiter und der vierte vergräbt sich in Arbeit. Muss man alles verstehen und akzeptieren. Während seiner letzten sechs Lebensjahre bekam ihr Schwiegervater jeden Abend Besuch, immer abwechselnd zuerst von einem Sohn, dann vom anderen, und weil eine Frau, die das nicht berührt, kein Herz hat, haben mich Details berührt wie die Tatsache, dass der Sohn sechs Jahre lang die Stadt fast nie verließ, weil dem Vater Gesellschaft zu leisten ihm wichtiger war als alles andere. Der Vater wiederum wollte nicht mehr, als das mit Corona losging. Und Ende. Genau am ersten April. Was soll man machen? Wenn jemand nicht mehr mag, dann hilft alles nichts. Dabei haben ihn seine Söhne sechs Jahre lang jeden Abend besucht, immer abwechselnd, wie gesagt. Der Herr Oberstudiendirektor, standesgemäß stets mit leeren Händen kommend, langweilte pausenlos mit Nichtigkeiten über Schule Politik Fußball Autos Immobilienpreise Börsenkurse, wie alle Männer, die nie gelernt haben, über Gefühle zu sprechen, und trank mit ihm Pils. Der Herr Architekt hingegen klingelte nicht direkt beim Vater, nein, zuerst klopfte er bei der väterlichen Erdgeschossnachbarin ans Fenster. Frau Leidermann, wie könnte ich diesen Namen vergessen. Wie könnte ich das Klopfzeichen vergessen, zwei Mal kurz, zwei Mal lang, zwei Mal kurz. Ganz ehrlich, Frau Doktor, ich hätte nicht die Geduld, jedes Mal eine gefühlte Ewigkeit zu warten, bis die Nachbarin das Fenster öffnet, zwei Tupperboxen voller Käsespätzle hinausreicht, so langsam wie alle Menschen, die bald vom Friedhof verschluckt werden. Ich hätte nicht die Geduld, ihr jedes Mal einen Zwanziger hochzureichen, sie mit Höflichkeiten über das Wetter anzubrüllen. Schließlich ein Handgruß zum Fenster, ciao ciao. Kurz darauf sitzen Vater und Sohn zwei Stockwerke höher am Esstisch, um gemeinsam den Anbeginn des Abends zu beobachten, zu essen und Pils zu trinken. Der Vater trank niemals weniger als fünf, der Sohn niemals mehr als zwei, weil man in seiner Branche ohne Führerschein nur ein halber Mann ist. Jeden zweiten Abend tauschten Vater und Sohn genauso viele Worte miteinander wie immer, will sagen, jeden zweiten Abend also stapften sie schweigend durch das Dezemberwatt gemeinsamer Erinnerungen, während der Vater eine Flasche nach der anderen leerte. Jeder Schluck intensiv wie ein Gummistiefelschritt im Ebbeschlamm. Vater und Sohn hätten einen Roman schreiben können aus all den Wörtern, die sie sich nicht gesagt haben. Wortlos schauten sie aus dem Fenster auf den Park gegenüber. Ein kleiner Park mit einem kleinen Renaissanceschloss und einem Buchbaumheckenlabyrinth und einem Wildkräuterlehrgarten hinter einem Halbkreis barbusiger Sandsteinschönheiten rings um ein Springbrünnchen. Alles dort duftet nach den Gebrüdern Grimm, auch die Küchenkunst fränkischer Hausfrauen hinter offenen Küchenfenstern. Zwetschgenkuchen, Pfefferkuchen, Pfefferbraten. Linkerhand vom Haus eine Kleingartenanlage mit Stangenbohnen, Himbeer- und Brombeerbarrikaden und Bienenkörben vom Imkerverein. Wissen Sie, eine Frau erkennt ihren Prinzen an Details wie dem, dass er jeden zweiten Abend in die Südstadt fährt und sich dort eine halbe Stunde mit der Parkplatzsuche quält, obwohl jeder weiß, dass man in einem ehemaligen Arbeiterviertel auf keinen Fall einen Oldtimerporsche unbeaufsichtigt stehen lassen sollte, noch dazu ein so magisch blaublümleinblau lackierten. Immerhin hat mir mal ich weiß nicht mehr wer erzählt, dass die Leute dort in der Südstadt noch heute Kindergulasch essen. Ich lüge nicht, Kindergulasch. Ist das denn zu fassen? In seinem Viertel ist es anders, weil sich Akademiker eine Wohnung mit Blick auf die Großweidenmühle leisten können, eine Wohnung mit einem französischen Balkon direkt über der Pegnitz, außerdem verdient man als Architekt einen privaten Stellplatz, im Büro sogar in einer Tiefgarage. Es gibt einen Begriff dafür: Logik. Jedenfalls werden irgendwann die Straßenlaternen eingeschaltet, wird bald darauf der Park abgesperrt, nehmen bald darauf die Sternbilder ihre Stammplätze ein. Dann fährt Marius heim. Und die Frau Leidermann, die kauert noch immer winkend wie eine vergessene Aufziehpuppe an ihrem Fenster. Wenigstens kann sie offensichtlich richtig gute Käsespätzle kochen, denn dass sie an Speck gedacht hat, an Röstzwiebeln und Dill, das war selbst auf meine Entfernung durch das Tuppermaterial erkennbar. Ich habe einen besonders geschulten Blick dafür, wissen Sie, weil wir Käsespätzle in der Hauswirtschaftsschule gleich im ersten Halbjahr gelernt haben, noch vor Sauerbraten Quarkstrudel Germ- und Serviettenknödel Mürbeteig Rote Grütze, noch vor verschiedenen Falttechniken für Servietten und überhaupt richtiges Eindecken. Eine Woche lang hat uns Frau Schuhkauf Käsespätzle üben lassen, ich lüge nicht, eine komplette Woche lang, denn wer bei denen versagt, darf ihr nicht mehr unter die Augen treten und muss als alte Jungfer enden. Und das völlig zu Recht, Frau Doktor. Völ. Lig. Zu. Recht. Meine Dämchen, so nannte sie uns immer und klatschte dabei mit den Fingerspitzen. Meine Dämchen, ihr dürft niemals, niemals dürft ihr eine Messerspitze Dill vergessen, weil der Dill alles entscheidet, das hat sie gepredigt und gepredigt, und ihr Mund todernst dabei, aber ihre Augen lächelten. Frau Schuhkauf war streng, aber fair. Und ihr Dilldrill sehr wirkungsvoll, das kann ich Ihnen versichern.

Meine Dämchen, heute dürft ihr mir beweisen, wie gut ihr mir zugehört habt, so begrüßte sie uns am Freitag jener Woche, und weil wir acht Schülerinnen in der Klasse waren, musste Frau Schuhkauf acht Portionen essen. Meine Dämchen, das habt ihr fein gemacht, sagte sie, als sie unsere Noten bekannt gab. Wissen Sie, wie mich die anderen Dämchen angesehen haben, das werde ich nie vergessen, so überrascht die Eva und die Anne Julia, die immer zwei verschiedene Söckchen trug, weil das vor Hexen schützt, am meisten und besonders überrascht die, die genau vor mir saß, die Melitta mit dem blonden Haar und solchen Dingern, ich lüge nicht, ja, solchen, bei denen man vor Neid unsichtbar sein und im Boden versinken möchte, Melittas Dinger waren größer als ihr Gehirn, was sie der ganzen Welt mit Ausschnittsabgründen unter die Nase rieb, die Auffahrunfälle verursachten und die sich Dürrezitronen wie ich wegen ihrer eigenen Unauffallbarkeit nicht erlauben durften. Mhm. Egal. Jedenfalls war Melitta einfach nur so dumm, wie ihr Name schon sagt, war sie einfach nur ein prall geformter Luftballon, der sich für was Besseres hielt und immer auf alle anderen herunterschaute, wie das halt so ist bei Luftballons. Weil sie Sommersprossen hatte und sehr straffe Beine und sehr gerne sehr deutsche Flechtfrisuren trug, hat sie sogar auf mich herabgeschaut, und das, obwohl ich ein Abitur habe und sie nicht. Und an diesem besonderen Freitag hat sie mich so fassungslos angesehen, diese Blödschnepfe, so irgendwie kindlich und giftig fassungslos, weil ihre, Anführungszeichen unten, Leistung, Anführungszeichen oben, nach eingeschlafenen Füßen schmeckte und nur mit Glück eine Gnadendrei bekam, mein Werk hingegen eine totale Eins. Ich hatte so sehr gehofft, einmal im Leben der Grund für solch einen Blick zu sein. Und soll ich Ihnen was sagen? Es fühlte sich großartig an. Groß. Ar. Tig. Mit diesem Sieg in mir bin ich nach dem Unterricht nicht in mein Zimmer im Schulwohnheim, nein, ich lief wie verliebt in einem unsichtbaren Discofox den ganzen Nachmittag durch die Stadt, und meine Schritte waren klein und hurtig und mein Grinsen so stark, so stark, dass ich teilweise meinen Unterkiefer mit beiden Händen festhalten musste, damit er nicht in diesem Glücklichgrinsen zerbricht zerspringt zerklirrt. Wenn ich so darüber nachdenke, wüsste ich nicht, ob ich jemals in meinem Leben so viel gegrinst habe und somit so, wie es gut und richtig ist. Und mein Herz, ach ja, mein Herz ein in den Himmel steigender pinker Luftballon. In mir kein Kinderlied, keine Verszeilen wirr wie Hornissen, in mir nur Frau Schuhkaufs Lächeln, während sie mich ansah und sagte: Fräulein Zeidelsberger, das haben Sie fein gemacht. Und ringsherum der Februar war wolkenleer, und kein Krähenschnabel ließ den Luftballon platzen.

Hören Sie. Jetzt würde ich wirklich, wirklich gerne endlich eine rauchen.

An jenem ersten April also wurde alles ein Fragezeichen. Frau Knöpping hat sich ewig ewig ewig über ihren Schwager aufgeregt, der unbedingt das Erbe versilbern wollte, weil Oberstudiendirektoren gern mit einem eigenen Weinberg protzen, selbst wenn der kaum größer als ein Klavierdeckel ist. Dann regte sie sich nicht mehr einfach nur auf, nein, dann wurde sie schlicht unerträglich. Ihr Herz ein Eimer Galle, ihr Mund ein Eimer Gülle. Meckerte und krittelte an allem herum, war nichts mehr als negative Energie in jedem Wort, in jeder Geste, in jedem Blick. Alles scheiße, alles scheiße, alles schlecht schlecht schlecht schlecht schlecht. Bah. Madame Griesgram, Madame Griesgram. Wissen Sie, als Frau Gottbier mir den Job im Café verschaffte, war alles eindeutig einfach, ich lernte schnell, Frau Knöppings Launen zu erkennen, was jetzt auch nicht wirklich das Problem und keine hohe Kunst ist, dafür muss man nur ihren Gang verstehen, die Geschwindigkeit ihrer Schritte, muss man nur verstehen, warum sie welche Schuhe trägt. Umso höher die Absätze, umso besser ihre Laune, so die Faustregel. Die petrolfarbenen Absatzschuhe etwa, die gerne aus Hirschleder wären und so schön klackern, toktok toktok toktok toktok, die bedeuten, dass sie in der Nacht davor von ihrem Mann Punkt Punkt Punkt. Das war jedenfalls in meiner Anfangszeit so, bald aber trug sie die seltener und seltener, lächelte sie seltener und seltener. So viele Wochen ohne diese Schuhe, so viele Monate. Und auch hier wieder dieses Jammertalspiel, Doppelpunkt, zuerst zählt man die Tage, später dann die Wochen, am Ende hofft man nur noch. Also vielleicht hoffte sie, keine Ahnung, wissen Sie, ich habe sie ja nicht gefragt. Natürlich habe ich sie nicht gefragt, du lieber Gott, allein schon der Gedanke, stattdessen durfte ich mich über meinen Prinzen freuen, der immer öfter vor einem Termin das Café für einen Espresso doppio besuchte. Will sagen, mich besuchte. Oder warum sonst kam er vor allem dann, wenn sie nicht da war, mhm, warum wohl? Etwa, weil wir ja alle an Zufälle glauben? Aus purem Zufall kam er vor allem vormittags, schon klar, manchmal noch vor der offiziellen Öffnung, wenn ich noch mit den Vorbereitungen beschäftigt war. Natürlich war das immer nur Zufall. Selbstverständlich. Wissen Sie, die Vorbereitungen haben mir immer Spaß gemacht, und das ist überhaupt nicht ironisch gemeint oder so, weil ich mir für Arbeit nicht zu fein bin und die Vorbereitungen eine geregelte Abfolge geregelter Handgriffe und Arbeitsschritte sind, unabänderlich wie der Spaziergang eines Uhrzeigers. Will sagen, schlicht wunderbar. Stille Ordnung Gleichgewicht. Aber wenn Marius mich dabei beobachtet hat mit seinem Lächeln wie ein selbstgebackenes Pistazienmacaron, ach du lieber Himmel, wie mich das nervös gemacht hat, Frau Doktor, wie mich das verwirrt hat, diese so vielen Signale in so vielen Details, auf die ich Menschenkrümel mir zuerst nichts einbilden durfte, etwa seine Bewegungen, wenn er sich hinsetzt, kurz durchatmet, die Stille genießt, sei es nur für Augenblicke, mit geschlossenen Augen, sei es nur für einen Atemzug, für zwei Atemzüge, für drei vier fünf Atemzüge. Bei keiner anderen Kollegin überkreuzt er die Beine, nur bei mir, das ist ein Fakt, und nachdem ich nicht an Zufälle glaube und keine Nonne bin, weiß ich genau, was übereinandergeschlagene Beine bei einem Mann bedeuten. Einhundertvierundneunzig Zentimeter Eleganz mit der gleichen Schuhgröße wie Barack Obama. Allein schon die Eleganz seiner Gestik, die Art fällt mir als Beispiel ein, wie er die Architektenrolle an die Theke lehnt, wenn er sich setzt, seinen Espresso doppio bestellt, indem er mich ansieht und anlächelt und dabei die Hand ein wenig von der Theke hebt und dabei den Zeigefinger halb streckt, genau so, und den Mittelfinger eine Prise weit ebenfalls, genau so, was ihm wahrscheinlich gar nicht bewusst ist, und dann nickt er, es ist aber eher ein Symbolnicken, wissen Sie, weil es gar nicht gebraucht wird, dieses Nicken, wie das Wort Symbol ja schon erklärt. Ich kann mich nur wiederholen, Frau Doktor, aber das macht nichts, weil Fakten auch durch Wiederholungen nichts von ihrem Wert verlieren. Wir brauchen keine Worte, Emma, wir sprechen mit unseren Herzen. Konzentration, Emma, Konzentration.

Also. Achtzig Prozent Jacksonbohnen, zwanzig Prozent Arabica, das ist seine Lieblingsmischung. Was mir noch so einfällt als Beispiel? Diese Eleganz, mit der er Würfelzucker auspackt, das kann er übrigens mit einer Hand, stellen Sie sich das mal vor, und dann die Art, wie er den Löffel in der Tasse kreisen lässt, ohne dass der Löffel auch nur einmal den Tassenrand beklimpert. Vier Stück Zucker müssen es sein, nicht weniger, weil der Espresso schwarz wie der Tod sein muss und außerdem süß wie die Sünde, das hat er mir mit diesem Lächeln erklärt, das gewinnt. Nicht zu vergessen die Art, wie er die Karaffe mit dem Tafelwasser ergreift, mit der Botschaft, anstelle der Karaffe mich ergreifen zu wollen. Mich nicht ergreifen, mich packen zu wollen. Mich nicht packen zu wollen, mich packen zu müssen. Jedes Signal, jedes Detail hat nur auf den Moment gewartet, an dem es mir sagen kann, dass ich hinter der Theke hervorkommen, ihn umarmen, festhalten, vor dem Fallen bewahren soll. Dass ich das Café abschließe, sei es für fünf Minuten nur, weil wir nur so wenig gemeinsame Zeit haben und so heimlich leben müssen. Wenn man solche Botschaften erst einmal begriffen hat, dann sieht man auf einmal alles klar. Begreift man alles so unglaublich, eigentlich schon märchenhaft offensichtlich klar und deutlich. Und wenn man all diese Details zusammensetzt, dann kommt man präzise zu dem Ergebnis, dass eins und eins eben doch immer zwei ergibt. Wie der Doktor Grominski predigte: Zahlen sagen immer die Wahrheit. Hundert Gramm Gelbwurst sind hundert Gramm Gelbwurst und ein Pfund Arabicabohnen ist ein Pfund Arabicabohnen und neun Monate Schwangerschaft sind neun Monate Schwangerschaft. Und wenn man dann noch daran denkt, dass sein Vater am ersten April zu einem Kreuz wurde, und eine gewisse Trauerzeit mit neun Monaten Schwangerschaft addiert und an ein drei Monate altes Baby denkt, was stellt man dann fest? Ding ding ding, dingdingding ding, ding ding ding, ding ding ding. Aber ich war gerade bei Frau Knöpping, ach ja, die hätte mal zu einer Kopfärztin gehen sollen, mal ganz im Ernst, die sollte hier sitzen, anstatt ewig Energie und Herzblut zu verplempern mit ihrem ewigen Gemeckere und Gemaule. Ich meine, Sie als Fachfrau kennen doch diese Sorte Mensch, die nur glücklich ist, wenn sie unglücklich ist, gemeint damit ist, natürlich hat jede Frau mit Mitte vierzig eine andere Figur, aber tja, so ist das Leben, so ist die Natur, gemeint damit ist, auch nach der Rosenhochzeit sollte eine Ehefrau nicht vergessen, dass selbst ein Architekt Momente der Schwäche hat, sich nach einem Herz sehnt, nach einem Arm zum Einkuscheln, gemeint damit ist, oder nein, sagen Sie es mir, was für eine Ehefrau ist das, die nicht bemerkt, wie sich sein Ton verändert in meiner Gegenwart und überhaupt seine Gestik und Sprache? Zuerst tauschten wir nur Höflichkeiten aus, belangloses Geplauder, wie die Schicht so läuft, wie das Trinkgeld ist, ob die Kundschaft nett ist, ob der und der Stammkunde mal wieder da war. Ob die Jacksonbohnen aus Burundi gut ankommen. Handelsüblicher Smalltalk eben, kennt man ja. Ganz normal unverfängliches, zivilisiertes blablabli blablabla. Aber schon seine Kirschkernkissenstimme, lieber Gott, lieber Gott, ich kann nicht anders als stammeln zu dir, ich bin mir meiner Schwäche bewusst, aber was soll ich tun, wie soll ich mich wehren gegen diese Sorte Mann, die ein Telefonbuch vorlesen könnte, Frau Doktor, unter uns Frauen, Sie kennen das doch selbst, man möchte stundenlang dieser Stimme zuhören und innerlich wie Butter zerlaufen. Und ist glücklich dabei. Punkt. Marius, gieß mich in ein Glas und trinke mich. Oder tauche nur eine Fingerspitze in das Glas, am besten die Kleinerfingerspitze. Sieh mich dabei an und lecke die Fingerspitze ab. Lecke sie ab, Marius, und wenn du das Espressogeschirr zurückschiebst, schweigend, dann friss mich auf mit deinem Tigerkäfigblick. Einatmen ausatmen, einatmen ausatmen. Ja, entschuldigen Sie bitte, aber dieser Blick, Himmel, dieser Blick. Streichen Sie das aus Ihrem Bericht, Ihrem Gutachten, was auch immer das hier werden soll, los, bitte, streichen Sie das. Konzentration, Emma, Konzentration. Einatmen ausatmen, einatmen ausatmen. Konzentration. Wir brauchen keine Worte, Emma, wir sprechen mit unseren Herzen. Großmutter Hermine hatte völlig Recht damit. Wissen Sie, zuerst war ich verwirrt, dann aber genoss ich es, mit ihm Theater zu spielen, zum Beispiel die Szene mit dem einen Foto, das er mir schenkte. Wissen Sie, wie? Natürlich nicht, aber ich sag's Ihnen. Indem er so tat, als wäre es ihm aus einer Präsentationsmappe gerutscht, so vollkommen und absolut zufällig und unbeabsichtigt glitt es auf der Theke über den Rand zu mir, während er an seinem geliebten Espresso doppio nippte und meine Crema als Kenner so sehr genoss, dass er alles ringsherum vergaß. Alles Glück seines Momentes in meiner Crema. Alles Glück meines Momentes in seinem Glück. Und in dieser so unauffälligen Fingerbewegung, schon klar, die sein Portraitfoto zu mir gleiten ließ. Marius im Anzug, hervorragend gekämmt und rasiert, konzentriert einen Punkt neben der Kamera fixierend, absolut gelassen und angstfrei wie ein New Yorker Staatsanwalt bei seinem Abschlussplädoyer. Einatmen ausatmen, einatmen ausatmen. Ich habe dieses Foto bei mir daheim versteckt, in der untersten Schublade vom Kommödchen links vom Sofa, weil diese Schublade abschließbar ist und Frau Gottbier keinen Schlüssel dafür hat. Nachts habe ich es oft hervorgeholt, wenn im Babybettchen Stille herrschte, wenn überall Stille herrschte, überall, abgesehen von mir, hier und hier und hier in mir drin, aber wie sollte denn in mir hier und hier und hier Stille herrschen, wenn dieser Blick und dieses Lächeln meine Bettdecke nicht beruhigen ließ und stundenlang in mir surrte und knurrte und am Ende dann meine Hand in Besitz nahm, Klammer auf, was zweifellos doch eine Sünde ist, Klammer zu. Dieser Blick dieses Mannes, der so viel weiß, so viel versteht, so viele Probleme löst und perfekte Häuser baut. Bauen lässt. Dieser Blick, der eben nicht einfach nur ein Blick war, nein, dieser Blick, der mich dazu aufforderte, der mich geradezu anwies, halt, nein, der mir befahl, meine Tür immer für ihn offen zu lassen, auch abends. Nachts sowieso. Vielleicht nur die Tür eines Kaninchenstallapartments mit Armeleutemöbeln, kaum größer als dieses Therapiezimmer hier und nicht mit so sanften Wandfarben, nicht mit einer Wand voller Bücher, nicht mit so erstaunlich bequemen Sesseln, ich muss gestehen, Frau Doktor, hier kann man tatsächlich problemlos den ganzen Tag sitzen und auf Sie einreden. Ich muss auch sagen, ich mag die Wandfarbe hier, wie nennt man die, taupe, malve? Alaskagrau, ehrlich wahr? Alaskagrau. Mhm. Egal. Jedenfalls, ich mag dieses Bücherregal, wie das Ihren Schreibtisch betont, nicht schlecht. Respekt, wirklich. Respekt. Vielleicht noch Gardinen, um die Gitter etwas zu tarnen, nur so als kleiner persönlicher Rat, dann wäre es hier perfekt, finde ich. Jedenfalls, wie gesagt, was will ich mit Möbelprotz, was will ich mit Einladungen zu einer Ballettpremiere oder einem Shoppingwochenende in Mailand. Mit so etwas beeindruckt man vielleicht Solariumspersonal, mich eher mit einem Wochenende in New York. Ein Champagnerfrühstück im Bett mit einem Silbertablett voller Pastramisandwiches und einem Red Velvet Cheesecake und einem Briefumschlag mit diskretem Hotelwappen. Im Briefumschlag Karten für ein Broadwaymusical, du lieber Himmel. Oh, übrigens kann ich auch Theater spielen, wissen Sie, kann so tun, als ob mich ein Oldtimerporsche überhaupt nicht beeindruckt. Dieses Motorengeräusch, das mich an eine Kaffeemühle erinnert, keine Ahnung wieso. Dieser Wirtschaftswundergeruch der Ledersitze, dieses Armaturenbrett. Schnörkellose Kompetenz, glattpolierte Oberflächen. Klar, alles völlig uncool, erlebt man jeden Tag. Also braucht man sich auch nicht zu schämen, im Sebalder Viertel zu wohnen, das keine Luxusecke ist, Architekten sind besseres gewohnt, schon klar, immerhin ist sein Haus hundert Mal größer und schöner wie, nein, größer und schöner als das, in dem ich wohnen darf, und wenn ich hundert Mal sage, dann meine ich tausend Mal, meine Wohnung bietet keinen Flussblick und ist gut genug für Gastronomiepersonal wie mich oder Maskenbildnerinnen wie meine Vormieterin, wobei ich lustigerweise damals auf dem Brettergymnasium auch Maskenbildnerin werden wollte, obwohl man sich damit nicht einmal genug Rente verdient, um würdevoll zu verhungern. Pflaumenholz war ihr Name, ich lüge nicht, M. Pflaumenholz, daran erinnere ich mich noch so genau wie daran, dass ich drei Monate gebraucht habe, um ihren Namen auf dem Klingelschild durchzustreichen und meinen darüber zu schreiben, tüdeltüüh, und beim Briefkasten dauerte es nochmal zwei Monate mehr, was soll ich sagen, außer dass eben alles seine Zeit braucht. Aber egal. Das brauchen Sie jetzt nicht in Ihrem Bericht festzuhalten, in Ihrem Gutachten, was auch immer das hier werden soll, los, schreiben Sie stattdessen, Emma fand, Komma, nein, schreiben Sie, als Mädel fand Fräulein Zeidelsberger die Vorstellung interessant, Komma, ein ganzes Leben lang Menschen in andere Menschen zu verwandeln oder in

Märchenfiguren oder Musicalphantome und so. Ein anderes Leben führen, ein anderer Mensch sein, wer träumt denn nicht davon? Dass dann andere dieses andere Leben führen dort oben auf der Bühne, die ich nie betreten hätte, das war mir egal, ich lüge nicht, ich hätte ohnehin niemals diesen meinen Zitronenkörper einem Publikum zeigen wollen. Und das hat jetzt nichts damit zu tun, dass Großmutter Hermine das als Sünde verurteilt hätte oder dass mir sowieso niemand Applaus geschenkt hätte, eher damit, dass mein Bretterabitur nicht gut genug war, um Maskenbildnerin zu werden. Ich muss Ihnen ehrlich sagen, das hat mich schon sehr enttäuscht, Frau Doktor, das hat mich wirklich und absolut enttäuscht. Ich meine, bei allem Respekt, fünfundzwanzig Bewerbungen habe ich geschrieben, ja, fünfundzwanzig, und jetzt raten Sie doch mal, wie viele Antworten ich erhalten habe? Falsch. Keine einzige. Kei. Ne. Ein. Zi. Ge. Arrogante Künstlerarschgeigen. Egal. Nein, egal. Einatmen ausatmen, einatmen ausatmen. Die Augen schließen. Verzeihen, vergessen, weitermachen. Nicht aufregen, Emma, nicht schreien. Nicht schreien. Diese Technik habe ich bei meiner Kinderkopfärztin gelernt, wissen Sie, als das mit den Tabletten losgehen musste. Einatmen ausatmen, einatmen ausatmen. Die Augen schließen. Verzeihen, vergessen, weitermachen. Nicht schreien, Emma, nicht schreien. Einfach weiter reden reden reden und einatmen ausatmen, einatmen ausatmen. Einatmen ausatmen, einatmen ausatmen. Wo war ich? Unterwäsche Liebesbriefe Maskenbildnerin, ach ja. Danke. M. Pflaumenholz musste ihren Beruf wegen einer Augenkrankheit aufgeben. War dann weg. Keine Ahnung. Zack, und Ende. Wohnung frei, schön für Emma. Emma ist gerne daheim, spielt Mühle oder Backgammon gegen sich selbst, um nicht zu viel an ihren Märchenprinzen zu denken, und freut sich, wenn im Babybettchen alles still ist. Doch egal, was passiert, sofort, sofort schwirrt und schwebt dieses Lied in mir, unwiderruflich, unabwendbar will es niemals von mir weichen. Sie sind gewandert wohl hin und her, sie haben gehabt weder Glück noch Stern. Dies ist das einzige Lied, das ich behalten habe, das in mir summt mit einer Stimme, die so kalt ist wie die Ohrfeigen einer enttäuschten Tochter. Sie haben gehabt weder Glück noch Stern, sie sind verdorben, gestorben.

An jenem Montag jedenfalls habe ich nach der Arbeit am Küchentisch sitzend drei Stunden lang gegen mich selbst Backgammon gespielt. Links vom Spielbrett eine Tasse Kaffee und auf einem Teller ein Napoleonhütchen, die könnte ich jeden Tag essen, weil man in meinem Alter weniger auf die Linie achten muss als in Ihrem. Dona Blondia und Dona Brünettia nebenan waren mal wieder mehr als laut. Alles Routine. Nichts davon erzeugte Unruhe im Babybettchen, nicht einmal der Süßbackwarenduft. Trotzdem bin ich regelmäßig aufgestanden, habe Blick um Blick ins Babybettchen geworfen. Habe das Lichtspiel angestupst. Ding ding ding, dingdingding ding, ding ding ding, ding ding ding. Außen ab und zu Autogeräusche und Blechasthma alter Fahrräder. Ab und zu Passantengelächter. Der Himmel leer wie ein nicht geschriebener Brief. Ab und zu nochmal das Lichtspiel, das ist lustig. Ding ding ding, dingdingding ding, ding ding ding, ding ding ding. Meinen Kaffee hatte ich total vergessen. Anstelle der Crema zwei tote Mücken. Also habe ich ihn aus dem Fenster gekippt, Quatsch, natürlich habe ich den Kaffee ins Spülbecken gekippt, dann habe ich das Fenster geschlossen und mich davon überzeugt, dass weiterhin im Babybettchen alles in Ordnung ist. Weil alles sogar in bester Ordnung war, habe ich das Backgammonspiel aufgeräumt. Tatsächlich vergeht Freizeit weniger langsam unter diesem Klipperdiklapp der Spielsteine, ja, lächeln Sie ruhig, Frau Doktor, ist mir egal, aber wissen Sie, mir gefällt dieses Geräusch, und Würfel mag ich sowieso. Würfel sperren allen Zufall dieser Welt auf sechs Seiten ein. Quadratische Diskretion, schnörkellose Eleganz. Glattpolierte Oberflächen. Ich sage mir: Emma, jawohl, so könnten gerne alle Tage vergehen, mit nichts gefüllt, was beunruhigt, schlicht mit zwei Würfeln, die meine Hand über die Tischplatte kullern lässt. Aber ich habe die Wohnung verlassen, denn es zog mich zu den Hesperidengärten, so wie in den früheren Sommern, und nichts für ungut, auch jetzt wäre ich lieber dort als hier, ich würde jetzt viel lieber frische Luft genießen und dort im Gras liegen mit einem Kaffee und Süßzeug und so, anstatt Zeit mit Ihnen zu verbringen, aber Sie müssen ja Ihr Gutachten erstellen, Ihr Psychogramm, was auch immer das hier werden soll. Ich finde allein schon die ehemalige Pinselfabrik direkt neben dem Park wunderschön. Das Dach bekrönt mit einer demonstrativ windschiefen Grünspanwetterfahne. Wissen Sie, welches Haus ich meine? Die Häuser gegenüber wurden zu Eigentumswohnungen umgewandelt, weil das schließlich genau das ist, was Nürnberg braucht, mehr Eigentums-wohnungen, jawohl, und jetzt raten Sie mal, wer der Architekt war. Tja. Hohe Ziegelwände, viel Hochglanzstahl und Licht. Licht, Licht, überall Licht. Dachterrassen mit Lechuzatöpfen voller Bonsai und Kräuter und keine Ahnung was. Eichkätzchen in einem Blätterdach aus alten Ulmen. Oben im Himmel manchmal verirrte Wildenten oder so, unten im Garten Rentnerrudel, Zeitungsleser, Sonntagspärchen. Manche von denen knutschen sogar. Überall geometrische Rasenflächen, will sagen, also Ordnung, also Gleichgewicht. Kleine

Springbrünnchen mit Poseidon und so, eine Sonnenuhr aus Buchsbaumhecken, hier und dort Sandsteinvasen und -figuren, irgendwelche griechischen oder italienische Göttinnen und diese, ja, meinetwegen römische, wen juckt das schon, außerdem diese, diese, wie nennt man die, Sie wissen schon, diese Barockminions mit den ulkigen Mützen und immer viel zu großen Füßen. Nochmal, bitte. Putti. Was für ein Wort. Putti, Putti. Mhm. Egal. Jedenfalls beim Südausgang ein Italiener mit Biergarten, der handgemachte Stringozzi in Weißweinsauce auf der Karte hat und ein Risotto Milanese, bei dem Frau Schuhkauf vor Glück weinen würde. Zu Recht. Wäre der liebe Gott ein Koch, er könnte es nicht besser machen, ich lüge nicht. Und alles garniert mit Italiengeruch und Limoncellogelächter. Lebendigkeit. Gleich beim Italiener der Riesenschritt, den kennen Sie doch bestimmt, dieses hohle Gässchen bergab zur Großweidenmühle. Am Ende zehn lange Stufen, dann zehn schnelle Stufen, dann zwölf lange Stufen in einem Fächer nach rechts. Unten links die Hallerwiese, geradeaus die Großweidenmühlbrücke. Tauben und Krähen über der Pegnitz, Spatzen, darüber irgendwelche Vögel, die mir unbekannt sind, farbiger und üppiger als Tauben. Rechts diese zuckerschöne Prinzenvilla. Wissen Sie, gefühlte zehntausend Mal schon bin ich diesen Weg gegangen, trotzdem werde ich niemals müde davon, dieses Haus zu sehen, bin ich jedes Mal fassungslos über diese unglaubliche gemauerte Schönheit. Einatmen ausatmen, einatmen ausatmen. Nicht schreien, Emma, nicht schreien. Einatmen ausatmen, einatmen ausatmen. Jedes Mal sage ich mir: Emma, genau so soll und muss ein Architekt wohnen, in der Beletage einer Jugendstilvilla mit Pegnitzpanorama. Duft von Trauerweiden und Wildthymian. Vorne ein Handtaschengarten mit Buchsbäumchenbuketten und einer Sandsteinnackigen, beschützt und eingerahmt von einem uralten Gusseisengitterzaun mit einem schmalen Türchen direkt an der Hauswand. Vor dem Türchen drei Sandsteinstüfchen, an den Ränderchen abgeschmirgelt vom Zahn der Zeit namens Regen und fünf Millionen Schuhsohlen. Im Zaun links vom Türchen ist die dritte Zaunstrebe locker, was die Harmonie zerstört, und das seit Jahren. Ja, egal. Jedes Mal sage ich mir: Emma, was wäre eine Villa ohne gusseiserne Balkongeländer und Stuckdecken, ohne ein Wohnzimmer mit Hickoryparkett im Fischgrätenmuster und Biedermeiermöbeln und raumhohen Regalen voller Bücher im Ziegelsteinformat? Bücher Bücher Bücher, mehr Bücher als ein Leben Tage hat. Links eine Bronzestehleuchte mit drei Kelchen aus Buntglas. Drei Lilienkelche. Die habe ich auf den ersten Blick erkannt, selbstverständlich, ich meine, eine Frau erkennt doch ihre Lieblingsblumen. Und glaubt ja schließlich auch an Zufälle, nicht wahr? Jedenfalls ist alles in dieser Villa stilsicher elegant und vornehm, nicht so ein Leipziger Allerlei wie in meiner Hutschachtel. Jedes Mal sage ich mir: Emma, was wäre eine Villa ohne einen Kaminofen im Wohnzimmer, mit alten Kacheln verkleidet und einem Emblem voller Grünspan auf der Feuerluke. Links neben dem Kamin eine Art Rotkäppchenkorb für Brennholz, aus dem ein rotkariertes Tuch ragt, daneben ein Fell, auf dem man herrlich, Sie wissen schon. Alles in allem ist es offensichtlich, warum Frau Knöpping so gerne mit ihrem Architektenehefrauenleben in dieser Beletage prahlt. Bösehexenboshaft zucken ihre Mundwinkel dabei voller Schierling zwischen allen Buchstaben: B. E. L. E. T. Und so weiter. Das macht sie nur, um andere Frauen neidisch zu machen. Um mich neidisch zu machen. Und das beweist, wie Recht Großmutter Hermine hatte mit ihrem Wissen, dass man einen schönen Menschen an seinem schönen Herzen erkennt. Äußerlich ist Madame Griesgram zwar nicht hässlich, aber auf direktem Weg dorthin. Die Haarfarbe ein fatales Hochzeitstortenblond, die Oberteile viel zu eng an nicht vorteilhaften Stellen, was zu wenig Frau dort beweist, wo es angebracht wäre, und zu viel dort, wo Sparsamkeit von Vorteil ist, und das alles verquirlt mit ihrem Versuch, eine feine Dame zu sein, sorry, aber da ist jedes Schultheater glaubwürdiger. Madame Griesgram, die das feine Tässchen zum feinen Mündchen führt mit dem feinen Däumchen direkt am feinen Unterlippchen und dabei das feine kleine Fingerchen abspreizt wie einen Buntstift. Fein schlürfend das Ellenbögchen stets rechtwinklig haltend wie diese barocken Aufziehpuppen. Und jetzt habe ich den Faden verloren. Ich sag's Ihnen, diese Scheißkopftabletten, tut mir leid. Hesperidengärten Stringozzi Limoncello, danke, genau. Im Sommer vor Corona habe ich mir einen Bikini gekauft in einer Altstadtboutique, weil Frau Gottbier beschloss, dass ich mehr unter Leute gehen soll. Einen urlaubsgelben wie Limoncello. Die Altstadt Hektik Lärm Chaos Durcheinander. Die Fußgängerzone Kinderwägen Lieferautos Straßenmusiker E-Scooter. Menschen, die Flyer verteilen oder Unterschriften sammeln. Nichts hatte seinen genau richtigen Platz, nichts war in Ordnung, alles beunruhigte. Einatmen ausatmen, einatmen ausatmen. Nicht schreien, Emma, nicht schreien. Einatmen ausatmen, einatmen ausatmen. Die Boutique erstreckte sich über drei Stockwerke, also noch mehr Durcheinander, vom Haken gerutschte Kleidungsstücke, um die sich das Personal so wenig kümmerte, wie man es sonst nur von der Abteilung für Übergrößen kennt. Die Kassiererin hatte sehr künstliche Fingernägel und ein sehr hartes Kinn. Aber zumindest saß der Bikini perfekt, obwohl es ihn im Sale gab. Weil man sich als Frau gerne ansehen lässt, wollte ich ihn im Freibad präsentieren, ich schwöre es, das habe ich aber nicht geschafft, wissen Sie, ich habe das einfach nicht geschafft, weil allein schon der Parkplatz vor dem Westbad viel zu unordentlich war. Vorwärts geparkte Autos, rückwärts geparkte Autos, manche schief über zwei Parkplätze. Autos mit dem Bibelfisch als Heckaufkleber oder mit Baby-namen in rosa oder blauen Herzchen. Flyer für eine Shishabar unter vielen Scheibenwischern und überall auf dem Boden. Pommespappteller voller Mayonnaise-Schlieren und Wespen noch und nöcher. Am Zaun festgekettete Fahrräder. Kurz und klein, weil es nirgendwo eine Ordnung gab, musste ich fliehen, es ging nicht anders. Daheim habe ich nachts das Kocheckenfenster offengelassen und alle Lichter eingeschaltet, habe mir im Zehnminutentakt im Bikini ein Glas Wasser geholt und es dort am Küchenfenster getrunken, wie ich das bei meinen Nachbarn von der Wohnung gegenüber beobachten kann. Mich und meinen Limoncellopo allerdings hat natürlich niemand beneugierdet. Aber egal. Nein, ernst-haft, ich lüge nicht, mir war das egal. Das war schon in Ordnung so. Einatmen ausatmen, einatmen ausatmen. Kon-zentration. Hesperidengärten. Irgendwo dort stand ein Küchenfenster offen, denn warum sonst roch es eindeutig nach frisch köchelnder Marmelade. Quittenmarmelade mit Zimt, ich bitte Sie, das erkennt nun wirklich jede Frankennase. Oder meine konnte noch immer besonders gut trainieren, vor allem in den letzten drei Sommern. Sobald Saison war, habe ich Quittenmarmelade gekocht, fünfzig Einmachgläser voll, diese großen, wie man sie für saure Gurken nimmt und für Wintergemüse, Sie wissen schon. Nachdem mir Frau Gottbier die Arbeit im Café besorgt hat, habe ich ein Einmachglas voll mitgebracht, das war gleich in der erst, nein, in der zweiten Arbeitswoche, das kann gar nicht in der ersten Woche gewesen sein, weil ich da noch lange überlegt habe, ob das nun sehr dreist ist oder eher charmant. Hin und her habe ich überlegt und konnte fast nicht schlafen deswegen, aber weil ich ehrlich gesagt ein kleines bisschen angeben wollte, habe ich es einfach ausprobiert. Nur Mut! Genau das hat doch Frau Gottbier in den Spiralblock für unsere Brieffreundschaft geschrieben und mit einer Blaubuntstiftblume betont. Nur Mut, Emma, habe ich mir gesagt, soll die Chefin doch ruhig gleich merken, dass ich nicht nur richtig guten Kaffee kochen kann. Ich wüsste auch nicht, warum ich meine Talente verheimlichen sollte. Wie sagt man so schön, mein Licht unter den Scheffel stellen. Und Frau Knöpping wollte auch gleich unbedingt probieren und hat sich einen Löffel geben lassen, einen kleinen, kleinen Löffel hat ihr die eine Mitarbeiterin geben dürfen, Juliane heißt die und ist eine von denen, die sich ihr Trinkgeld aufbessern, indem sie ihre Speckröllchen in solche Presswurstoberteile propfen. Bitte, wem's gefällt. Punkt. Jedenfalls studierte sie, sie studierte, Moment, ich hab's gleich, ach ja, Kunstgeschichte studierte sie und war auch sonst sehr nichtssagend. Das ist jetzt aber nicht so herablassend gemeint, wie es wahrscheinlich klingt, Frau Doktor, manche Menschen sind lästige Kobolde, andere sind einfach ein totaler Niemand, sie üben ihr Niemandsein wie ein Handwerk aus und sind nicht einmal schlecht darin. Egal. Jedenfalls erinnere ich mich noch sehr genau daran, wie Frau Knöpping neben dem Kaffeebohnensortiment stand und meine Kunst probierte und dabei schmatzte wie ein Kaffeesommelier, gefühlte zwanzig Ewigkeiten lang schmatzte sie, natürlich mit geschlossenen Augen, wie man es im Fernsehen lernt, dann schluckte sie ganz langsam, ungefähr so, wie man als kleines Mädel Eiskonfekt auf der Zunge schmelzen lässt und dann hinuntergeschluckt. Dann öffnete sie die Augen. Sah sie mich an. Lächelte und nickte. Und alles in mir ahnte fühlte wusste: Volltreffer. Ich erinnere mich deswegen so genau daran, weil ich dabei sehr gut beobachtet habe, wie mich Juliane ansah mit ihren Augen einer enttäuschten Klavierlehrerin. Überhaupt hat sie ziemlich schnell gemerkt, dass meine Crema viel besser ist wie ihre, denn waru, meine Güte, als, ja, besser ist als ihre, denn warum sonst sollte man in einem Café mit eigener Rösterei kündigen und einen Job im Stadtarchiv annehmen, also bei allem nötigen Respekt, Frau Doktor, etwa, weil wir alle ja an Zufälle glauben? Mhm? Mhm. Egal. Frau Knöpping jedenfalls war so begeistert von meiner Süßkunst, dass sie die mit ins Sortiment aufnahm. Den Topf habe ich nach meinem Sieg zwei Tage lang nicht abgespült, weil er meine Wohnung weiter nach Quitten riechen ließ und außerdem auch meine Klamotten und sogar mein Haar, und das wollte ich nicht mit Chemie kaputtmachen. Verständlicherweise, finde ich. Wissen Sie, manchmal ist es so schön, manchmal tut es so gut, einmal, endlich einmal nicht nach nichts zu riechen. Wenn Sie sich übrigens richtig gutes Obst gönnen wollen, dann gehen Sie zum Wochenmarkt auf dem Hauptmarkt, ein Obstbauer dort bietet die besten Quitten überhaupt an, jede einzelne eine absolute Geschmacksexplosion, das ist nicht in Worte zu fassen. Als jetzt der Markt trotz Corona stattfinden durfte, ging ich am Samstag vor jenem Montag dort einkaufen, was selbstverständlich nichts damit zu tun hat, dass mir mein Prinz just kurze Zeit davor bei einem Espresso doppio erzählte, wie gerne er bei just diesem Obstbauern einkauft. Links vom Obst, das Wort habe ich übrigens auch im Fernsehen gelernt, just, und weil das so drollig klingt, freue ich mich jedes Mal, wenn ich es sage, just, just, justjustjust, ja, Entschuldigung. Konzentration, Emma, Konzentration. Also, links vom Obstbauern ein Kaktusverkäufer mit einem Gesicht wie Käpt'n Iglo, noch einen Stand weiter links ein Händler von Terracottazeugs. Der ist Stammkunde bei uns im Café, wissen Sie, kauft nur Kaffee aus Burundi, und wehe, es gibt keinen, dann macht der einen Rabatz und führt sich auf wie so ein blödböser Brüllaffe, der in seinen Grundrechten eingeschränkt wird. Ernsthaft, Frau Doktor. Ja, wie kann das sein, so plärrt er dann, Unverschämtheit Unverschämtheit Unverschämtheit, wie lange bin ich hier schon Kunde, da müssen Sie doch das haben, was ich will, auf Ihrem Namensschild sollte Inkompetentia stehen und nicht Emma, Sie Dummkuh, Sie, verschwinden Sie doch wieder auf die Bergbauernwiese, von der man Sie herunter- gezogen hat, kauen Sie weiter Ihr Bioheu, zu mehr sind Sie ja nicht zu gebrauchen, bäh bäh bäh, bäh bäh, wirklich, Frau Doktor, ich lüge nicht, genau so darf ich mich von dem anbörken lassen, genau solche Dinge muss ich mir anhören dürfen, genau so wird mir immer meine Aufopferung gedankt und belohnt und all meine Freund- und Pünktlichkeit und all mein Fleiß, dass ich Kummer sehe und Verachtung und noch mehr Kummer und noch mehr Verachtung, dass sie nutzlos bleibt und schlecht gedankt wird von Undankbaren, denen ich lästig bin. Ja, genau so ist es immer immer immer, immer immer immer bin ich lästig lästig lästig. Emma Dummkuh lästig. Dummkuh lästig Emma. Lästig Dummma Emkuh. Nein nein nein, einatmen ausatmen, einatmen ausatmen, verzeihen, vergessen, weitermachen. Ach ja. Vergessen. Den Witz an der ganzen Geschichte sollte ich nicht vergessen, nämlich dass es sogar noch Kaffee aus Burundi gab, selbstverständlich sogar noch die Bourbonbohnen aus Gitega, die mit Ach und Krach gerade gut genug sind für seine erlesenen Feinschmeckergeschmacksknospen, daher war nicht ich die inkompetente Dummkuh, nein, Frau Doktor, nein, der gnädige Herr war einfach zu blöd, richtig zu schauen. Aber egal. Wissen Sie, unser Bohnensortiment präsentieren wir in solchen Kisten, wie man sie früher oft auf Schiffen und so verwendete, und das Angebot ist kistenweise nach Kontinenten sortiert, Afrika, Asien, Südamerika, hinten die Kiste mit den Konabohnen aus Hawaii für siebenunddreißig Euro die hundert Gramm und dem Green Tipped Bourbon von dem Amish Market in Tribeca. Die Kisten sind aus Zirbelholz gezimmert und mit Brandstempeln markiert, wie man das früher mit den Baumwollnegern gemacht hat und im Wilden Westen mit Rindern. Wie ich das gerne mit diesem meinem Lieblingsstammkunden gemacht hätte. Jedenfalls ist das Angebot so klar und idiotensicher sortiert, dass sogar Melitta damals auf der Hauswirtschaftsschule das kapiert hätte, und wenn dieser Terrakottatrottel eine Minute lang gewartet hätte, anstatt sofort herumzuschreien, wenn er seine Augen benutzt oder ganz einfach ganz freundlich gefragt hätte, ja, dann hätte er sich dieses Affentheater sparen können. Ein revolutionäres Prinzip, schon klar, erst zu denken, dann zu reden. Wissen Sie, genau das ist der feine Unterschied zwischen einem Gentleman und einem Hanswurst, der Hanswurst nämlich sucht immer die Fehler bei anderen, während sich der Gentleman bei der Suche nach Fehlern zuerst vor einen Spiegel stellt und dann erst zum Fernrohr greift. Tja. Mhm. So einen so klugen Satz hätten Sie mir wohl nicht zugetraut, kann das sein? Aber wem will ich was über Fehler erzählen. Wer ohne Fehler ist, der werfe den ersten Stein, nicht wahr. Einatmen ausatmen, einatmen ausatmen. Nicht schreien, Emma, nicht schreien. Verzeihen vergessen weitermachen. Übrigens hat der gnädige Herr am

Ende zwei Hundertgrammpackungen gekauft, wie immer, hat mich die Bohnen auch besonders fein mahlen lassen, wie immer, und ich habe ihm gesagt, dass für seine French Press, wie immer, ich habe ihm schon tausend Mal gepredigt, dass für seine French Press. Sir, ja, Sir, das konnte ich mir dann doch nicht verkneifen, mitsamt dieser schwachsinnigen Handbewegung und zusammengeschlagenen Hacken. Jawohl. Allein schon sein Blick war diesen Abmahnungsgrund wert. Soll der sich seine Gehässigkeit doch dorthin stecken, wo die Sonne nicht scheint, soll er mich doch eine Dummkuh nennen, ist mir alles fickegal. Entschuldigung. Ist mir alles scheißegal. Einatmen ausatmen, einatmen ausatmen. Nicht aufregen, Emma, nicht schreien. Einfach weiter vom Kaktusverkäufer erzählen. Käpt'n Iglo also überwintert jedes Jahr in Lissabon, kauft dort diese bemalten Kacheln ein, Azurlejos, danke, und die verkauft er hier in Nürnberg und ist glücklich dabei. Schon schön irgendwie, dieses Leben, also schön für ihn. Schön, worüber man so alles reden kann, um nicht über die eigenen Gefühle zu reden und um Zeit zu schinden. Sie brauchen sich nicht zu beschweren, immerhin haben Sie das studiert, immerhin werden Sie dafür bezahlt. Wissen Sie, ich kenne doch mein Problem, ich weiß ja, dass ich tun und lassen kann, was ich will, nur leider sind wir Frauen Schildkröten, wir können so weit schwimmen, wie wir wollen, am Ende landen wir doch wieder am immergleichen Strand der immergleichen Insel. Und meine Insel hat die gleiche Schuhgröße wie Barack Obama und duftet nach Minzshampoo und hat Lippen wie, ach du lieber Himmel. Ach du lieber Gott. Jedenfalls stand er also dort auf dem Wochenmarkt mit dem Rücken zu mir und scherzte mit Käpt'n Iglo und mit dessen Frau oder so, ein Wesen mit Rädern anstelle von Füßen unter einer Dauerwelle rot wie in einem japanischen

Comic. Natürlich konnten wir nicht miteinander sprechen, natürlich konnten wir keine Zeichen oder Blicke tauschen, immerhin stand natürlich seine Frau direkt neben ihm, daher habe ich die Chance genutzt, endlich wieder ein Theaterspiel mit ihm zu zelebrieren. Ganz richtig, Frau Doktor, zu zelebrieren. Tatsächlich spielte er sehr überzeugend jemanden, der meine Anwesenheit nicht wahrnimmt, das war schon fast broadwayreif und doppelt glaubwürdiger wie mei, Herrgott, glaubwürdiger als meine Rolle einer Frau, die sich hinter einem Stapel Obststiegen duckt und warum auch immer es einfach nicht auf die Kette kriegt, ihren Schuh zuzubinden. Ich kann gar nicht so überzeugend gewesen sein, das nennt sich Logik, sonst wäre der Obstbauer nicht nach zehn Minuten doch so langsam skeptisch geworden, hätte er mich nicht angesehen wie die sauerste Zitrone auf der Plantage. Deswegen bin ich weggegangen, natürlich nicht, ohne meinen Einkauf zu vergessen wegen meiner Gänsehaut vor Erregung und Vorfreude auf unser nächstes Wiedersehen, und wenn man schon den Einkauf vergisst, dann selbstverständlich mitsamt der Handtasche nebst Geldbeutel und Schlüsselbund, Jesus, Maria und Josef, und wer das schafft, der bemerkt das bitte erst beim Spielzeugmuseum, wenn die Blase schon kurz vor der Explosion steht, und geht so total und absolut tiefenentspannt wieder zurück, zweihundertvierzehn Schritte kostete mich das und meinen Tagesvorrat guter Laune, weil mich meine Schusseligkeit selber nervt, gemeint damit ist, sie nervt mich nicht einfach nur, sie macht mich dezent wütend, gemeint damit ist, sie pisst mich an, entschuldigen Sie bitte die Wortwahl, gemeint damit ist, sie macht mich krank. Einatmen ausatmen, einatmen ausatmen. Und weil dann die beiden schon gegangen waren und der Bauer mich doppelt und dreifach anschaute wie die dümmste Frucht im ganzen Obstkorb, war ich schon nicht mehr nur leicht angepisst von mir selbst, sondern habe mich geekelt und unendlich geschämt und hatte das dringende Bedürfnis, Seife, Sand und Sektglassplitter zu fressen, das fühlte sich ungefähr so wie früher an, wenn mich Doktor Grominski fixierte mit dieser Art Blick, die sich eigentlich nur Großmütter erlauben dürfen. Im Hintergrund die Klasse kicherte dann immer über mich, und zwei Reihen hinter mir, irgendwo im Hintergrund des Hintergrundes, ließ Prinzessin Vanessa, Fee Vanessa Kaugummiblasen platzen. Ich konnte dieses Gekicher nicht nur hören, ich konnte es fühlen, in mir, hier und hier und hier, musste es fühlen. Emma Blödkuh Zitronen. Blödkuh Emma Blödkuh. Emma Zitronen. Das hört niemals auf, wissen Sie, das verblasst nie. Alte Bleistiftnotizen verblassen, Tinte in Zeugnissen Liebesbriefen Poesiealben verblasst, aber so etwas nicht. Mhm. Egal, alles Schnee von gestern. Wieder daheim jedenfalls also hätte ich später fast die Marmelade ruiniert, was mich nicht wirklich wunderte, weil ich am Herd stehend nicht ans Umrühren dachte und mich nicht einen Groschen dafür interessierte, wie laut der Zu, diese Redewendung habe ich übrigens nicht im Fernsehen gelernt, sondern von, Überraschung, Großmutter Hermine, sich nicht für einen Groschen für diesunddas interessieren, in meinem Fall nicht dafür, wie laut der Zucker am Topfboden knistert und knuspert und knäuspert und krustet und kratzkreischend knirscht. Der Zucker knisterte und knisterte, und er knusperte und knäusperte, knusper, knusper, knäuschen, und ich hielt den Rührstab in der Hand und dachte an Marius, habe mir seine Reaktion auf meinen Anblick in Limoncello ausgemalt, habe dabei aber nicht an seinen Blick gedacht und nicht an sein Profil eines New Yorker Staatsanwaltes. In mir der Wunsch, nicht an ihn zu denken, der Drang, nichts zu fühlen und an nichts zu denken, vor allem nicht an ihn zu denken mit mir in ihrem Ehebett. Nicht an ihn zu denken mit mir auf dem Fell vor dem Kamin, und meine Hand krallt sich dabei in das karierte Tuch vom Rotkäppchenkorb. Nicht an ihn zu denken mit mir in der Küche, wie er mich packt und sehr männlich über den Esstisch beugt und Punkt Punkt Punkt, Sie wissen schon, und weil die Temperaturen an solchen besonderen Tagen mehr als sommerlich sind, darf die Tür von diesem französischen Balkon offen stehen, dürfen alle Nachbarn und Spaziergänger meinen Lärm und den Lärm des Tisches hören, oder Krähen lärmen für mich oder mein Lärm Lärm Lärm verquirlt sich mit dem Esstischlärm und dem Lärm der Krähen, bis überhaupt niemand mehr weiß, wer lauter lärmt, die Krähen oder der Esstisch oder ich. Schöne Gedanken, muss ich ehrlich zugeben, einerseits, andererseits, ah, ich hasse mein Gehirn, wollte ich meine Süßkunst nicht ruinieren, weswegen ich, es ging nicht anders, eine Kopftablette geschluckt habe. Mir war schon klar, dass es noch viel zu früh dafür war, Frau Doktor, eigentlich durfte ich die erst abends nehmen, also die damals jedenfalls, aber ich konnte nicht so lange warten, weil sonst meine Sinne gar nicht mehr zur Ruhe gekommen wären und mein Gehirn wahrscheinlich ungefähr so explodiert wäre wie ein Frosch in einer Mikrowelle, ja, ich weiß, Entschuldigung, und das, nein, ich habe gelogen, es waren zwei Kopftabletten, die halfen wenigstens kurzzeitig. Vielleicht nur fünf Minuten lang, dann musste ich den Herd abschalten und mich kurz unter meine Decke verkriechen. Aber immerhin fünf Minuten lang halfen die.

Apropos Hilfe, könnte ich noch ein Glas Wasser bekommen? Diese Kopfschmerzen, wissen Sie. Lieber Gott, lieber Gott, diese Kopfschmerzen. Diese Kopfschmerzen. Kopfschmerzen.

An jenem Montag also betrat ich morgens das Café, extra eine halbe Stunde früher wie sonst, damit ich, Jesus, ja, früher als sonst, damit ich in Ruhe die Marmeladengläser einräumen kann, aber ich kam gar nicht dazu, denn Frau Knöpping war schon anwesend und verbot mir, meine Marmelade zu verkaufen. Nein, Emma, sagte sie. Wir reduzieren das Angebot, sagte sie. Ja. Genau, wir reduzieren das Angebot, ja. Klar. Und ich weiß noch, wie ich dort stand mit meinem Rucksack voller Marmeladengläser, wie bestellt und nicht abgeholt stand ich dort mit Rückenschmerzen und Schulterschmerzen, kein Wunder bei dem Gewicht auf meinen armen Schulterblättern, kein Wunder also bei all dieser Last auf meinen Schultern. Ich weiß noch, wie alles in mir danach schrie, den Rucksack von den Schultern fallen zu lassen, und wenn Emma den Rucksack fallen lassen sagt, dann meint sie, den Rucksack durch die Scheibe auf die Straße zu schleudern und nach dem Rucksack das ganze Kaffeegeschirr und alle Kaffeepackungen mitsamt der Holzkisten, und zwar so, dass alles Glas und alle Keramik in vierzehn Millionen sinnlose Scherben zerplatzt und die Passanten auf dem Bürgersteig, Entschuldigung, auf dem Trottoir, meine Güte, dass also die glotzgeilen Gaffer draußen auf Konabohnen Gitega Green Tipped Bourbon ausrutschen und sich die teuersten Beinbrüche ihres Lebens holen und die ganze Lorenzer Altstadt zwei Wochen lang kein anderes Thema kennt als diesen Musicalhysterieanfall, weswegen ich, es ging nicht anders, den Rucksack zu Boden gleiten ließ, besser ist das, habe ich mir gesagt, sei ganz behutsam, Emma, habe ich mir gesagt, lass dir jetzt bloß nichts anmerken, Emma.

Einatmen ausatmen, einatmen ausatmen. Danke für das Wasser übrigens. Ich begann darüber nachzudenken, woher nur, woher nur sie das mit uns weiß, zum Teufel, konnte mich aber kaum darauf konzentrieren, weil ich weiß nicht was in mir mich dafür auslachte, wie dumm, wie dumm ich dort stand und die Kasse anstarrte und links von der Kasse diese alte Waage, die so schön international orange ist wie die Golden Gate Bridge und eine Anzeige hat wie der Tachometer eines amerikanischen Oldtimers. Mich dafür auslachte, wie dumm, wie dumm ich das Schälchen für unser Trinkgeld anstarrte, aus Hickory ist es geschnitzt und naiv bemalt. Wie dumm, wie dumm ich die Kisten anstarrte mit dem Bohnensortiment. Einatmen ausatmen, einatmen ausatmen. Nicht schreien, Emma, nicht schreien. Lass dir bloß nichts anmerken, Emma, so eindeutig sie auch unsere Geschichte gemerkt hat. Unsere Buhlschaft, würde Großmutter Hermine schimpfen. Großmutter Hermine, ach, Großmutter Hermine. Wir brauchen keine Worte, Emma, wir sprechen mit unseren Herzen, an dieser schlichten Tatsache können wir nicht vorübergehen. Welche Tatsache wäre denn deutlicher und eindeutiger als die, dass Madame Griesgram Sommer für Sommer meine Marmelade verkauft hat und Fotos von ihr als Werbung benutzte auf Facebook und Instagram, und jetzt? Zack, vorbei. Und Ende. Ohne Grund? Nein, nie im Leben. Frau Doktor, bei allem nötigen Respekt. Nie. Im. Le. Ben. Ich wollte mich auf die Frage konzentrieren, was genau uns entlarvt hat, das ist auch so ein Wort, das man pausenlos im Fernsehen hört, entlarvt, heutzutage wird so viel entlarvt, man kommt gar nicht mehr hinterher, aber egal, jedenfalls konnte ich keine Antwort darauf finden. Es ist und bleibt mir ein Rätsel. Und das liegt nicht an meinen Konzentrationsproblemen wegen der Medikamente. Ich meine, ich hatte ja hier in den letzten Wochen wirklich sehr viel Zeit zum Nachdenken, nicht nur sehr viel Zeit zum Schlafen, außerdem haben Sie mir neue Kopftabletten gegeben, die wirken wunderbar, aber trotzdem. Es will und will und will und will will mir einfach nicht nicht nicht in den Kopf, was unser Fehler war. Sagen Sie es mir, Frau Doktor, Sie sind doch hier die allerschlaueste, also, sitzen wir beide denn nicht jetzt hier in diesem, diesem, wie sagt man, in diesem Therapiezimmer, um darüber zu reden, Sie und ich, schreiben Sie denn nicht deswegen dieses Gutachten, dieses Plädoyer, diesen Diagnosebogen, oder was auch immer das hier werden soll? Wissen Sie, wenn ich die neuen Kopftabletten schlucke und alles wattewohlig gleichgültig wird, denke ich mir, was soll's. Soll das Rätsel doch ruhig ein Rätsel bleiben, sonst wäre es ja keines mehr. Denke ich, Doppelpunkt, mir egal. Wenigstens kann ich richtig guten Kaffee kochen. Die einzige Rätselzutat, wissen Sie, an der es nichts zu rütteln gibt, das waren Frau Knöppings eindeutige Signale. Sie hat es gemerkt, hat es begriffen. Hat alles begriffen. Alles. Und wie es sich ziemt für eine Madame Griesgram mit dem Gülleherz, musste sie mir das natürlich auch so subtil wie gnadenlos unter die Nase reiben. Erstens allein schon damit, an jenem Montag in ihren petrolfarbenen Pseudolederschuhen durch das Café zu stöckeln, toktok toktok toktok toktok, allein schon das war mehr als demonstrativ eindeutig genug, immerhin ist das seit Monaten schon nicht mehr vorgekommen. Zweitens mit der Uhrzeit, drittens mit dem kniekurzen Kleid. Dunkelgrün war das, ungefähr wie Salbei, mit einem perfekt zu den Schuhen passenden Ledergürtel. Muss ich neidlos für das Protokoll anerkennen, das war schon ein Auftritt, wow. Und das um Viertel vor Acht am Morgen, wenn ich normalerweise gerade mein Frühstücksmüsli aufgegessen und meine Tasche kontrolliert habe, damit ich auch nichts vergesse. Normalerweise freue ich mich auf die Vormittagsschicht, weil ich da normalerweise relativ viel Ruhe habe. Da kommt fast nur Stammkundschaft, und die mag ich, weil ich bei ihr weiß, wie ich mit ihr reden muss, und weil die ihr Kaffeewissen nicht in irgendwelchen Influencervideos zusammenkleistert und mich nicht mit einem auswendig gelernten Fragenkatalogen langweilt. Mit diesen fünf Fragen erkennen Sie eine gute Kaffeerösterei, Doppelpunkt. Verwenden Sie Mahlwerke aus Metall oder aus Stein, Fragezeichen. Aus welchem Material sind die Kaffeesäcke, Komma, Baumwolle oder Jute, Fragezeichen. Und so weiter und so fort, blablabli blablabla. Rhabarber Rhabarber Rhabarber. Es gibt ja tatsächlich Leute, die Internetratschläge für bare Münze nehmen, ernsthaft, Frau Doktor, ich lüge nicht, die glauben dem Internet, deswegen mache ich mir bei denen einen Spaß daraus, ihnen die Geschichte vom wilden Pferd zu erzählen. Die haben das gar nicht anders verdient, allein schon deswegen, weil die das nicht einmal merken und dann beschwingt nach Hause gehen und glauben, toll tiefgründige Fachgespräche geführt und außerdem mich flaches Zitrönchen beeindruckt zu haben. Denen erzähle ich einen hocus pocus fidibus über Jacksonbohnen aus São Tomé und Príncipe, nur so als Beispiel, oder das Märchen vom köstlichen Espresso, den eine Bialetti zaubert. Hax, pax, max, deus adimax. Den Witz dabei verstehen Sie nicht? Dachte ich mir schon. Aber danke für Ihre Ehrlichkeit. Und dann nicken die hochgebildet und ahnungsvoll, als hätten die schon zwanzig Mal Urlaub in São Tomé und Principe gemacht und. Dort auf? Wenn Sie das sagen. Unterbrechen Sie mich bitte nicht, verraten Sie mir lieber, wie man das richtig ausspricht, São Tomé und Príncipe, und

ich will ja nicht respektlos erscheinen, aber, genau, aber was
ist das nur für ein Land, dessen Name so geschrieben und
so ausgesprochen wird, und, ja. Mhm. Egal. Jetzt habe ich
schon wieder den Faden verloren, Herrgott nochmal. Genau,
danke, ich wollte Ihnen erzählen, wie schwer es mir fiel, die
Schicht durchzuhalten und mir nichts nichts nichts anmerken
zu lassen und so zu tun, als wäre alles Friede Freude Zwiebel-
kuchen. Das können Sie gerne genau so notieren, los,
schreiben Sie, Emma war noch nie so froh und dankbar über
ihren Feierabend, Komma, und selbst dann, Komma, wenn
sie hier tausend Jahre lang vierzehn Stunden jeden Tag
Briefumschläge kleben muss, Komma, wird sie nie so froh
und dankbar sein über den Feierabend wie an jenem Montag.
Punkt. Nein, Ausrufezeichen. Zum Feierabend jedenfalls
bin ich mit Augen wie angebrannter Milchreis fast hinaus-
gestürmt, ziemlich unelegant, ich weiß, obwohl ich mir
unablässig innerlich sagte, Doppelpunkt, Emma, Komma,
sei ganz behutsam, Ausrufezeichen, Emma, Komma, lass
dir bloß nichts anmerken, Ausrufezeichen. Ich konnte mich
aber kaum auf meine Schritte konzentrieren, weil ich weiß
nicht was in mir mich gegen meinen Willen zur Prinzenvilla
schob. Es war wie verhext, deswegen für's Protokoll,
Doppelpunkt, ich schwöre es Ihnen, nehmen Sie das bitte
in Ihren Bericht auf, alles in mir sagte, nein, keifte, nein,
schrie, Emma, nein, geh nicht dorthin. Emma nein Emma.
Dorthin Emma nein. Nicht Emma dorthin. Wissen Sie, ich
wäre viel lieber nach Hause gegangen, hätte viel lieber das
Lichtspiel über dem Babybett angestupst, ding ding ding,
dingdingding ding, ding ding ding, ding ding ding. Ich hätte
viel lieber einen Käse in der Mikrowelle zum Schmelzen
gebracht, weil das kleine Babys vielleicht und mich absolut
amüsiert, ich hätte viel lieber so lange die Möbelhaustoskana

angestarrt oder meinetwegen sogar die Leuchtstriche vom Radiowecker, bis meine Gedanken ihre Gestalt verlieren, milchig werden. Bis alles seine Gestalt verliert, milchig wird. So sanft und voller Ruhe. Alle Gedanken Atemzüge Herzschläge so still wie, keine Ahnung. Ja. Egal. Aber nein, ich weiß nicht was in mir hatte tatsächlich keine Kraft, diesem Drang zu widerstehen, mich dort bei diesem Zuckerwatteschloß neben der Haustür auf den Boden zu setzen, an die Wand gelehnt mit den Armen um die Knie geschlungen, bis mein Prinz heimkehrt, tatsächlich allein und frei mir ritterhaft die Hand reicht und mich hineinführt in diesen Palast, diese Burg und Liebeshöhle. Ich hatte keine Kraft, wissen Sie, ich hatte tatsächlich einfach keine Kraft. Tatsächlich scheint mein gesamtes Gedankenkleid aus den Buchstaben eines alten, alten Liedes gewebt zu sein. Gewoben? Wenn Sie das sagen. Auf ihrem Grab Blaublümlein blühn, umschlingen sich zart wie sie im Grab. Unabwendbar, unüberwindbar ertönt dieses Lied in mir wie ein endloses Mobile. Umschlingen sich zart wie sie im Grab, der Reif sie nicht welket, nicht dorret.

Ich darf immer noch keine rauchen?

Natürlich habe ich mich nicht vor der Tür hingesetzt, ich bin doch nicht blöd. Habe mich zur Großweidenmühlbrücke geschleppt, wo ich wieder mal wieder wie so oft so getan habe, als ob ich zufällig dort bin und die Pegnitz bestaune, einfach so, weil es ein schöner Abend ist. Ein so schöner Abend, ein geradezu perfekter Abend, beinahe bedrückend beeindruckend. Genau. Genau der richtige Abend für einen Spaziergang, der auch allein romantisch sein darf. Unter meinem Rock der Wind so kalt wie böse Finger. Ja, es war

kalt. Also mir jedenfalls war kalt. Müdigkeit. Müdigkeit und
Kälte. Müdigkeit Kälte Müdigkeit Kälte Müdigkeit. Außerdem
taten mir die Beine weh. Dabei ist mir Nachtkälte doch sonst
egal, trage ich auch im Winter kurze Röcke, bin ja schließlich
nicht aus Staubzucker. Richtig kurze Röcke, Frau Doktor,
und das, obwohl ich meine Beine nicht mag, wissen Sie,
meine Beine müssen mich immer an Strohhalme denken
lassen oder an Bleistifte mit Haut ringsherum. Das passt
jetzt psychiatrisch nicht so ganz mit den kurzen Röcken
zusammen, ich weiß schon, aber die Rückschlüsse daraus
überlasse ich ganz Ihnen, Sie haben das ja schließlich studiert.
Promoviert sogar? Respekt. Damals daheim bei Großmutter
Hermine jedenfalls hätte ich mich nicht in solche Röcke
getraut. Sie selber besaß genau zwei Röcke. Den knöchellangen,
der braun war wie deutsches Treppenhausholz, den trug sie
nur, wenn sie zum Einkauf und zur Beichte ging und wenn
sie ihren Sonntagsbraten zauberte. Den anderen trug sie
seltener, der war weißdunkelblau gestreift und aus Cord und
roch irgendwie nach Ostpommern. Bitte? Fragen Sie mich
das doch nicht. Ich weiß nur, dass ich immer irgendwie ein
Ostpommerngefühl hatte, wenn ich im Früher als kleines
Mädel manchmal an diesem Rock schnupperte. Keine Ahnung.
Wie sonst sollte ich diesen Geruch beschreiben. Mhm. Wenn
Sie jedenfalls diesen Rock trug, dann zwei, drei Tage lang
hintereinander, und dann zog sie ihn auch nicht zum Schlafen-
gehen aus. Achtete sie immer sehr genau darauf, ihn nicht
zu zerknittern. Aß sie doppelt so langsam wie sonst. Sie aß
immer sehr langsam, kleckerte und krümelte nie, niemals,
auch nicht nach dem fünften geleerten Teeglas. Jetzt, wo ich
daran denke, sehe ich sie bildhaft vor mir, wie sie im Bad
neben dem Waschbeckenspiegel stand und sich kämmte.
Nicht vor dem Spiegel stand sie dabei, nein, neben ihm, eine

Badezimmerwand anstarrend, an der es überhaupt nichts Anstarrenswertes gab. Irgendwie wirkte sie dann, als bereite sie sich für einen Gutsherrenball vor, und ja, wer weiß das schon, vielleicht tat sie das im Schlaf tatsächlich, vielleicht amüsierte sie sich schlafend im Tanzsaal irgendeines Ostpommerngutshauses? Ich weiß es nicht, habe sie nie gefragt. Wozu denn auch. Sie hätte sich ohnehin nur in ein Lächeln gehüllt, also ihren Mund zumindest, nicht ihre Augen. Hätte mit ihrer Hand über mein Haar gepinselt, und ich mit einem Lächeln wie ihrem, wie oft erlebt man schon solch eine traurige Fröhlichkeit, hätte mich über einen Klaps auf den Po gefreut und dann das Thema gewechselt. Hätte, hätte, Arschbulette. Zur Nacht jedenfalls legte sie sich piekfein auf ihrer Schlafcouch auf den Rücken, achtete dabei immer sehr darauf, erstens den Rock nicht zu zerknittern, zweitens ihre Hände auf der Bettdecke zu drapieren wie zwei Schmuckstücke in einem Schaufenster, damit man sie sieht und hübsch findet, wenn sie zum Tanz abgeholt wird. Großmutter Hermine, ach, Großmutter Hermine. Aber ja, zurück zum Thema, entschuldigen Sie. Also, ich auf der Brücke. So viele Wolken, so viele Krähen. So viele Krähen. Krähen hier, Krähen dort und überhaupt. Nachts sind die Dinge besser als in der Helligkeit, charmanter irgendwie, selbst Nieselregen im März, obwohl ich nicht weiß, ob es nur in meinen Gedanken zu nieseln begann oder in der Wahrheit oder in der Realität. Müdigkeit. Müdigkeit. So viel Müdigkeit in mir. Müdigkeit Müdigkeit Müdigkeit. In jenen Minuten aber wollte ich nicht müde sein, wissen Sie, wollte ich nicht nach Hause gehen, so sehr ein Kind Verantwortung bedeutet, ein Kind Verpflichtungen bedeutet, beides addiert sich Leben nennt. Anstelle meines Gehirns ein Fleischwolf, der unablässig mit Fragen gefüttert wird, nur um diese Fragen zu mehr Fragen zu verwolfen. Fragen wie die, wieso ich so müde bin und immer und immer müder und müder und noch müder werde, wenn ich doch nicht müde sein wollte, wenn ich doch sehen wollte, wie in diesem wunderschönen Haus Licht angeht, vielleicht im Wohnzimmer, vielleicht in der Küche, jedenfalls in der Beletage, die Stockwerke darüber interessieren mich nicht für einen Groschen, relevant ist einzig und allein die Beletage. Ich wollte das Wohnzimmer hell erleuchtet sehen, diese fassungslos gigantischen Bücherregale, zwei Wände voller Bücher. Bücher Bücher Bücher. Mehr Bücher wie ein Mensch im Leben, unterbrechen Sie mich nicht andauernd, als ein Mensch im Leben lesen kann. Lassen Sie mich ehrlich sein, vielleicht habe ich den einen oder anderen Moment lang gehofft, meinen Prinzen zu sehen, das möchte ich nicht, das kann ich nicht abstreiten, brauche ich auch nicht, nachdem er mich so oft ihn nachts bei der Lampe entdecken ließ, er mir so oft Geheimzeichen geschickt hat, indem er so tat, als würde er nur in Shorts, Klammer auf, in besonderen Nächten im Adamskostüm und in den besten Nächten überhaupt unübersehbar bestens gelaunt, Sie verstehen schon, ach du lieber Gott, Klammer zu, jedenfalls als würde er nur mal eben kurz ein Buch suchend die Lampe einschalten, gleich wieder ausschalten, mein Gigant mit, ich meine, dieser Frechdachs mit jener alten Narbe auf seinem Oberschenkel gleich unter der rechten Knackhinternbacke, die mich ich weiß nicht warum jedes Mal an ein Vanillekipferl denken ließ. Ja, wirklich, Ihr Lachen können Sie sich sparen. Ich habe mich nie getraut, ihn zu fragen, woher er die hat, ich weiß ich weiß ich weiß, schon klar, immer wieder dieses falsche Schweigen. Aber andererseits hat mir Großmutter Hermine ihr Lebtag lang gepredigt: Wir brauchen keine Worte, Emma, wir sprechen mit unseren Herzen. Sähe

Gutes, ernte Gutes. Sähe Böses, ernte Böses. Und was das Herz betrifft, so oft ließ er seinen Lichtgruß mich schnell in den Arm nehmen, mich wärmen. Meine Antwort eine Zigarette, angezündet mit einem Zündholz, das ich auf und ab bewegte. Zwei Mal kurz, zwei Mal lang, zwei Mal kurz, wie könnte ich das Zeichen vergessen. Wie könnte ich das Schattenleporello dieser Nacht vergessen, all diese Schatten hinter so vielen Schatten, all diese Schatten unter so vielen Schatten, all diese reglosen Vogelschatten auf leicht zitternden Baumschatten. Welche Vögel? Weiß ich doch nicht, woher denn auch. Ich habe nur ein paar Krähen erkannt. Oder was ich für Krähen halte. Habe ihre schnellen Schatten auf meinem Körper gespürt. Nur wenige Menschen liefen vor-über, der eine oder andere Herr mit Hund, späte Jogger, Spaziergänger, Krankenschwestern der Erlerklinik, die erkennt man leicht an diesem Gang, mit dem sie sich nach ihrer Schicht heimwärts schleppen. Die Füße schwer wie nass gewordene Zementsäcke und schwerer wie der, nerven Sie mich bitte nicht, schwerer als der restliche Körper. Immer wieder Pärchen Hand in Hand oder untergehakt oder Arm in Arm, eigentlich alle elegant gekleidet. Herren in Jeans mit Rollkragenpullover und Sakko mit Ärmelschonern, Damen mit Stöckelschuhen, das übliche Publikum, wenn die Galerie ein paar Häuser neben der Prinzenvilla eine Vernissage feiert. Gelächter in der Ferne irgendwo in Richtung Schnepper-schützenbrunnen. Autogeräusche hier und dort und immer wieder Straßenbahngeklingel vom Altstadtring. Babygeheule von Polizeisirenen. Nein, von Krankenwagensirenen? Ich verwechsle die immer. Lärmheckmeck jedenfalls. Egal. Ringsherum Kulissengebäude: besagte Erlerklinik, links auf der gegenüberliegenden Pegnitzseite dieses Altersheim mit seinen hübsch großen Fensterglasquadraten. Beleuchtet wie ein Kinderspiel, genau, vier gewinnt, anders aber als Küchengeräte und Würfel ohne quadratische Diskretion, ohne schnörkellose Eleganz, ganz im Gegenteil löst dieser Anblick in mir jedes Mal einen Drang danach aus, die Lichter zu ordnen in Zeilen und Spalten. Einen Drang danach, in dieses Kinderspiel zu stürmen, in einem Zimmer das Licht auszuschalten, im anderen einzuschalten, bis die Beleuchtung symmetrisch ist und damit logisch, also auch nicht beunruhigen kann, also auch nicht das Gleichgewicht zerstört. Kurz und klein, hier und dort also gingen späte Lichter an, wieder aus, im Fenster daneben Lichter an, Lichter aus. Hier und dort also Menschen, die sich für die Nacht vorbereiten, im Pyjama, in Unterwäsche Zähne putzen. Menschen, die sich abschminken. Die Gutenachtküsse empfangen und verschenken. Ich habe mir vorgestellt, dass man das Familie nennt, habe mich gefragt, ob man das Leben nennt. Stand dort in diesem meinem Südpolgefühl und war so allein wie wohl nichts auf der Welt. Und mir war so sehr nach Weinen, wissen Sie, so sehr nach Weinen. Egal. Dort auf der Brücke habe ich an ich weiß nicht was gedacht, bis ich mich irgendwann zu fragen begann, ob ich meine Kopftablette schon geschluckt habe, und weil ich mir nicht sicher war, wie soll man auch in Kälte klar denken, und weil ich weiß nicht was in mir gesagt hat, im Zweifelsfall lieber eine nehmen wie auf eine, als auf eine verzichten, habe ich, es ging nicht anders, also zur Sicherheit eine hinuntergewürgt mit diesem Geschmack veralteter Kreide. Habe dann den Kokosriegel gegessen, den ich auf der Suche nach meinem Tablettendöschen in meiner Handtasche fand, mindestens haltbar bis Oktober 2020, tüdeltüüh, das war mir aber egal, wissen Sie, ich musste mich von diesem Tablettengeschmack befreien, alles andere interessierte mich nicht. Und meine Kopftablette wärmte mich nicht, alles in mir blieb kalt und klamm, egal, wie sehr ich meinen Körper von einem Fuß auf den anderen verlagerte, meine Finger in den Jackentaschen bewegte. Wieder kamen die Nachtvögel, wieder glitten ihre Schatten über mich. Schatten, die in der Dunkelheit schrumpften. Geräusche, die in der Dunkelheit schrumpften. Sich selbst beendeten. Auflösten, Fetzen um Fetzen. Irgendwo ein Radio hinter einer offenen Balkontür oder einem offenen Fenster. Links, igitt, zwei Fledermäuse oder drei. Unter mir raunte rauschte rülpste das Wasser, über mir der Himmel wie tätowierte Dunkelheit. Wissen Sie, wäre der ganze Himmel Papier und alle Wolken Tinte, ich könnte doch nur den alltäglich selben Liebesbrief schreiben, der davon erzählt, wie mein Prinz mich auf sich warten ließ. Wie er mich auf unser gemeinsames Leben warten ließ. Auf unser Leben ohne Heimlichkeit. Auf all das, was er mir mit seinen Blicken versprochen hat. Nicht nur mit seinen Blicken, auch mit seiner Gestik und mit unseren Musicalminiaturen und überhaupt mit allem und und und. So stand ich dort auf der Brücke und starrte diese Pegnitz an, auf an in der es absolut nichts Anstarrenswertes gab. In die ich gerne all die Geräusche geworfen hätte. All diese Lebendigkeit. Diesen ganzen gottverdammten Hoffnungsmüll. Gott ist die größte Ungerechtigkeit von allen, wissen Sie das eigentlich? Ganz im Ernst, ich an seiner Stelle würde mich zu Tode schämen für das, was er Frauen wie mir antut, aber Gott sei Dank bin ich nicht Gott, bin ich nur ein Zitrönchen, das heimgehen wollte, sich wie so oft sagend, Emma, Marius weiß, wo er dich findet. Du kannst warten. Emma, du kannst sollst musst musst musst warten. Emma warten Emma. Warten warten Emma. Emma warma Emten. Und dann, ich weiß nicht wann, wurden meine Gedanken von einem Kaffeemühlengeräusch unterbrochen, das sich näherte, also bin ich von der Brücke weggerannt, habe ich mich hinter einem Baum versteckt. Das Geräusch parkte ein mit Hubraumhusten. Löschte die Scheinwerfer wie ein fettes Vieh, das aufgibt. Im Wagen ein New Yorker Staatsanwaltprofil, auf dem Beifahrersitz ein hochzeitstortenblondes Etwas, das sich kämmte und irgendetwas sagte und dabei lachte. Das lachte und lachte, lachte und lachte, zum Spiegel in der Sonnenblende vorgebeugt. Das zu lachen aufhörte, sich zu kämmen aufhörte. Das lächelte. Die Sonnenblende hochklappte, nein, sie eher hochschleuderte, den Kopf nach links kippte, die Augen noch mehr, dann den Kopf nach rechts kippte, die Augen noch mehr, ungefähr so wie ein Verbrecher kurz vor seiner Untat, jawohl, dann beugte sich das Tortenblond nach links, will sagen, beugte sich über ihn. Hob und senkte den Kopf. Das Staatsanwaltsprofil warf den Kopf nach hinten, lächelte. Lächelte immer breiter und seliger, umso länger sich die Kopftorte hob und senkte. Lächelte mehrere Minuten lang, ohne sich zu rühren. Wir die Geschworenen befinden die Angeklagte für schuldig. Linus Roach lächelt genau so, wissen Sie, wenn er bei einem besonders kniffligen Fall den Angeklagten Schachmatt setzt oder nach einem gewonnenen Prozess vor die Presse tritt, staubzuckerfeine Fältchen karamellisieren sich dabei in den Augenwinkeln, die Haut an den Wangenknochen strafft sich um eine Brise, die so pfeffrig ist wie alles an ihm, nur mit dem Unterschied, dass sich bei Law & Order anschließend nichts blondes im Auto wieder aufrichtet, sich niemand ordentlich hinsetzt, niemand grinst, schluckt, grinst, kurz darauf die Sonnenblende noch einmal hinunter klappt, mit Lippenstift den Grinseschmollmund so repariert, wie uns das Prinzessin Vanessa, Fee Vanessa damals im Brettergymnasium unterrichtete, hier nun war das Lächeln dutzendfach schlampiger als damals. Hier nun wollte ich anders als damals auf dem Schulklo nichts lernen, ich lüge nicht, Frau Doktor, wollte ich nicht hinsehen, nein, dort hinter dem Baum auf regenfeuchter Erde kniend für immer unsichtbar sein, das wollte ich, und so viel nasses Laub fressen, bis ich ersticke, verstehen Sie, bis ich ersticke. Einatmen ausatmen, einatmen ausatmen. Nicht schreien, Emma, nicht schreien. Einatmen ausatmen, einatmen ausatmen. Schreien nicht Emma. Nicht Emma schreien. Emma schreien nicht. Um nicht zu schreien, um mich irgendwie abzulenken, habe ich in meiner Handtasche gewühlt auf der Suche nach dem Plastikdöschen. Habe ich eine Kopftablette geangelt, übrigens mit zwei Fingern, mit dem Ringfinger und dem Daumen, also eigentlich nur mit einem Finger, weil der Daumen doch kein, oder ist der Daumen doch, Frau Doktor, Sie haben das doch stud, ja, was soll dieser Blick gleich, schon mal was von Geduld und Empathie gehört, aber gut, weiter im Text, ich habe diese Geste irgendwann vor Jahren im Fernsehen gelernt, damals noch im Wohnheim von der Hauswirtschaftsschule. Es muss ein französischer Film gewesen sein, vermute ich, weil ich sonst diese Geste nicht so wahnsinnig elegant gefunden hätte. In Frankreich ist nämlich alles wahnsinnig elegant, selbst die Art, wie die Leute gähnen oder kündigen, selbst die vollgestopften U-Bahnen und die Unterwäsche für Zitronen wie mich. Ja, ich weiß. Ich habe Ihnen nicht zu viel versprochen, meine, meine, wie sagt man, ach ja, meine Aufmerksamkeitssp. Wie? Impulskontrolle. Wenn Sie das sagen. Impulskontrolle. Also die ist wie so eine Achterbahnfahrt oder als ob mein Kopf in einer Waschmaschine wäre oder, ja, Konzentration, Emma, Konzentration. Kon. Zen. Tra. Tion. Wir haben heute ja nicht mehr viel Zeit. Also, nach dieser einen Kopftablette habe ich gleich noch eine geschluckt. Und weil das nicht half, noch eine oder zwei. Und trotzdem ergab das alles keinen Sinn. Es ergab einfach keinen Sinn. Ich verstand einfach nichts. Nichts. Ausgerechnet sie? In ihrem Alter sollte man eher beim Zumba japsen und danach die Apotheken-Rundschau lesen, anstatt meinem Prinzen dort im Oldtimerporsche, mal ganz im Ernst, in ihrem Alter sollte man Waldobsttee trinken und an Ingwerbutterplätzchen knabbern anstatt an meinem Prinzen und ihn mir so wegzunehmen und mit ihm mein Glück. Und mit meinem Glück meine Zukunft. Sähe Gutes, ernte Gutes. Sähe Böses, ernte Böses. Ausgerechnet sie mit ihren Gurkenbauerbeinen, ausgerechnet sie mit all ihrer negativen Energie. Marius mache ich keinen Vorwurf, Marius kann nichts dafür. Wie, warum? Gegenfrage. Wer bitte wüsste denn besser als ich, dass auch Architekten Momente der Schwäche haben? Ich kann es Ihnen sagen, Frau Doktor: niemand. Punkt. Wer bitte wüsste denn besser wie ich, dass, Herrgott, ja, besser als, das macht Sie geil, kann das sein, also, wer wüsste besser als ich, dass erstens niemand immer stark ist und zweitens es ihm als Mann natürlich gefällt, wenn man ihm, doppelt natürlich im Auto, ach kommen Sie schon, ganz unter uns Frauen, wir kennen doch die Wahrheit, und die Wahrheit ist, dass es in diesem gottverfluchten Fegefeuer diejenigen am weitesten bringen, die wissen, wie man einem Architekten gefällt. Aber lassen wir das, bitte. Jedenfalls wurden kurz darauf die Türen vom Oldtimerporsche geöffnet, habe ich mich noch mehr hinter dem Baum versteckt, habe dabei die Luft angehalten und mich ganz klein gemacht, bis die Wagentüren wieder zugeworfen wurden. Fast synchron wurden sie geöffnet, wieder zugeworfen. Von der Fahrerseite entfernte sich eine pfeifende Person, von der Beifahrerseite entfernten sich Absatzschuhe. Toktok toktok toktok toktok.

Dann Stille. Stille. Und in dieser Stille war mir nicht mehr kalt, war mir einfach nur schlecht. In dieser Stille fror ich nicht mehr, war ich einfach nur enttäuscht. So enttäuscht. Meine Enttäuschung war so groß, so groß wie, keine Ahnung, wie ich das ausdrücken soll, Frau Doktor, Sie haben ja schon selbst gemerkt, dass ich es nicht so mit der Sprache habe und kaum mehr als Larifari erzählen kann, jedenfalls war meine Enttäuschung so groß wie die Zahl aller Blätter aller Bäume und noch viel größer, schreiben Sie das ruhig genau so in Ihr Gutachten, Ihr Diagnosebild, Gehirnzeugnis, was auch immer das hier werden soll, los, schreiben Sie, Emmas Enttäuschung war so groß, Komma, dass sie gar nicht merkte, Komma, wie sich ihre eigene Hand in ihren eigenen Oberarm krallte, Komma, so dass sich die Fingernägel in die Haut bohrten, Komma, ganz tief, schauen Sie, hier, man sieht das sogar jetzt noch, und man sieht auch, wie ich mich blutig gekratzt habe, hier, hier hier hier und hier, ich glaube, ich habe mich sogar noch weiter blutig gekratzt, während ich dann weggelaufen bin, den ganzen Weg bis zu meiner Wohnung bin ich gelaufen, ohne einmal innezuhalten. Mindestens sechshundertvierunddreißig Schritte quer und wirr durch die Stadt. Seltsamerweise wurde beim Laufen alles still in mir. Alles still. So still, dass ich nach der sechshundertvierunddreißig aufgehört habe, meine Schritte zu zählen, zum ersten Mal seit ich weiß nicht wann, wie mir im Nachhinein aufgefallen ist. Einfach laufen, Emma, einfach laufen, bis die Lunge fast platzt. Als ich keine Ahnung wann wieder daheim war und mich kurz auf das Sofa legen musste, weil, meine Lunge, weil, mein Hals, weil, mein Zwerchfell, begann in mir wieder dieses Lied zu summen und wollte einfach nicht verstummen. Ich habe mir ein Kissen auf den Kopf gepresst, habe mir die Ohren zugehalten, bäuchlings auf dem Sofa liegend mit dem Kopf unter dem Kissen, aber trotzdem trotzdem trotzdem wollte dieses Lied wie immer einfach nicht verstummen. Einfach nicht verstummen. Nicht verstummen. Nicht als ganzes Lied, immer wieder nur hier eine Zeile, dort eine Zeile. Es fiel ein Reif in der Frühlingsnacht, er fiel auf die zarten Blaublümelein. Unüberwindbar, ununterbrechbar wollte dieses Lied nicht verstummen, nein, es wollte einfach nicht verstummen. Er fiel auf die zarten Blaublümelein, sie sind verwelket, verdorret.

An jenem Montag kam mir sogar daheim die Welt mit ihren wirren Geräuschen viel zu groß vor, um sie verstehen zu können. Nicht allein nur wirre, vor allem arme Geräusche. Geräusche, die mich nie in Ruhe lassen, wieder und wieder zu mir zurückgekrochen kommen wie verliebte Hunde. Und mit den wirren Geräuschen auch wirre Gerüche. Nicht allein nur die Armeleutegerüche bei uns im Haus, nicht allein nur Dona Blondias Parfüm oder Dona Brünettias, was soll dieses Parfümgewitter, was soll dieser Lärm bei ihnen, hat denen keiner beigebracht, wie man die Uhr liest, ich persönlich würde mich bescheuert fühlen, mir jeden Tag eine Flasche Parfüm über die Bluse zu schütten, noch dazu von einer italienischen Marke. Bescheuert ist das schon deswegen, weil erstens nur Schlampen sich italienisch parfümieren, zweitens nur New Yorker Produkte elegant sind. Wie Sie sich sicherlich erinnern werden, habe ich Ihnen bereits erklärt, dass im Vergleich zu New Yorker Produkten alles andere nur verlieren kann, logischerweise. Ziemlich am Anfang unserer heutigen Sitzung war das, prüfen Sie ruhig Ihre Notizen oder hören Sie die Tonbandaufzeichnungen ab, also später, nicht jetzt. Jedenfalls in meiner Wohnung nicht die übliche Stille, nicht die übliche Gleichgültigkeit meiner

Möbel, die tiefer ist als das Wurzelwerk der Bäume, aus dem sie gemacht sind. In mir nur der Wunsch, nichts zu fühlen und mich an nichts zu erinnern. Gar nichts. Poetischer wie der Drang in mir, Sie geben wohl nie auf, als der Drang in mir, nein, als das Hoffnungsalmosen, im Bad oder in der Kochecke oder im Wohnzimmer, ich traue mich nicht, unter der Dusche oder unter meiner Schlafdecke vorzuschlagen, eine Prinzenstimme zu hören, die meinen Namen ausspricht. In mir das dringende Bedürfnis danach, nichts zu fühlen zu spüren zu wissen an nichts zu denken. An. Gar. Nichts. Vor allem und doppelt nicht an dieses Zitronenlimonadengrinsen im Oldtimerporsche, nachdem Madame Griesgram, ich kann das jetzt nur deswegen nicht aussprechen, weil ich einen Frosch im Hals habe, dürfte ich Sie vielleicht noch um ein Glas Wasser bitten? Jedenfalls ihr Sattekatzenlächeln, während sie sich wieder aufrichtet, schluckt, aussteigt, wegstöckelt. Schlampe. Diese Schlampe. Ah, danke für das Wasser. Aber sagen Sie, können Sie mir erklären, wieso mein Gehirn mich wegrennen hieß, wieso es mir mein ganzes Leben lang wegzulaufen befahl? Wieso es mich mein ganzes Leben lang gehorsam sein hieß, ernst, demütig? Ach, ich weiß doch auch nicht. Mein Dasein wie ein leerer Kaffeebohnensack. Stundenlang daheim am Fenster stehend eine Altstadtstraße anstarrend, in der es überhaupt nichts Anstarrenswertes gibt. Was meinen Sie, hätte eine Träne gutgetan? So oft mir auch nach Weinen war, ich habe immer meine Tränen verhindert, habe sie so in mir versickern lassen, wie es mich Großmutter Hermine lehrte, das war mir wichtig, um so die Erinnerung an sie zu ehren. Sie hat mich gelehrt, was Respekt, Höflichkeit und Hilfsbereitschaft bedeutet, so wie mir Frau Schuhkauf beibrachte, immer mit Geduld Aufmerksamkeit Liebe zu arbeiten und alle Dinge dort aufzuräumen, wo sie hingehören. Wissen Sie, ich kann nicht nur richtig guten Kaffee kochen, sondern bin mir dank ihr auch nicht zu schade, zum Putzzeug zu greifen, ja, mir fällt auch kein Zacken aus der Krone, wenn ich den Müll wegbringe oder das Abtrittgitter vor der Tür rausnehme und dort den Dreck wegmache, den ganzen Dreck. Diesen ganzen Dreck. Und zwar nach Feierabend, unbezahlt. Sie als klug studierte Ärztin haben natürlich längst geschnallt, dass ich damit auf gewisse Kunstgeschichtsstudentinnen anspiele. Tja, soll doch die Presswurst dort im Stadtarchiv unter Aktenstaub vergilben wie eine in einem Poesiealbum vergessene Blume, mir doch egal. Ja. Egal. Einatmen ausatmen, einatmen ausatmen. Die Augen schließen. Beim Thema bleiben, Emma, nicht abschweifen. Also. Kurz und klein, ich weiß schon, wie falsch es war, wegzurennen. Weiß schon, wie falsch der Drang in mir war, in das wunderschöne Haus zu stürmen, das Bücherregal links im Wohnzimmer, das neben dem riesigen Fenster, komplett auszuräumen, alle Bücher aus dem Fenster zu werfen auf das Kopfsteinpflaster vor dem Haus. Ohne das Fenster vorher zu öffnen selbstverständlich. Einatmen ausatmen, einatmen ausatmen. Nicht schreien, Emma, nicht schreien. Beruhige dich, Emma, beruhige dich. Daheim habe ich als erstes natürlich meine Schuhe auf ihrem korrekten Platz abgestellt, bin dann ins Bad auf der Suche nach Jod und einem Pflaster, gleich danach zum Babybettchen. Ein Kind bedeutet Verantwortung, ein Kind bedeutet Verpflichtungen. Beides addiert nennt sich Leben. Im Babybettchen selbst war alles so friedlich wie immer, alles so geräuschlos wie harmonisch. So unschuldig und unverletzbar. Babys haben es gut, weil sie nicht wissen, aus wie vielen Schmutzflecken Glasscherben Treibsandmeeren das Leben besteht. Mich über das Babybettchen beugend habe ich das Lichtspiel angestupst, ding ding ding, dingdingding ding, ding ding ding, ding ding ding, aber anders als sonst half das leider nur ganz kurz. Keine Stille in mir, kein Frieden. Also gleich nochmal das Lichtspiel, ding ding ding, und so weiter. Dann habe ich eine Kopftablette geschluckt, habe Babybrei aufgewärmt. Stand in der Kochecke, schaute der Mikrowelle zu, war mir unsicher, ob sich noch eine Zigarette lohnt. Habe schon das Fenster geöffnet, habe mich aber dann doch spontan dafür entschieden, mich aufs Sofa zu legen, den Fernseher einzuschalten, ohne Ton. Habe die Glotze anstarrend darauf gewartet, habe geradezu danach gelechzt, dass meine Gedanken ihre Gestalt verlieren, milchig werden. Die Gedanken aber verloren nicht ihre Gestalt, wurden nicht milchig, und das sogar, obwohl kein Lied in mir ertönte und keine Katzenfellstimme. Endlich einmal, einmal endlich nur Stille in mir. Stille, Frau Doktor, Stille. Soll ich Ihnen ein Geheimnis verraten? In diesen Minuten war ich nicht froh über die Stille, denn sie ließ in mir nur Kälte entstehen. Nur Kälte und Müdigkeit. So viel Kälte, so viel Müdigkeit. Obwohl, das war schon in Ordnung so, will sagen, das musste wohl so sein, will sagen, das habe ich wohl nicht anders, habe ich nicht besser verdient.

Vielleicht eine Stunde später habe ich die Kälte doch nicht mehr ausgehalten. Obwohl mir Kälte sonst so egal ist. Oder zwei Stunden später, ich weiß es nicht. Irgendwie ist mein Zeitgefühl, und seit Corona noch mehr als sonst. Aber ist das wirklich wichtig? Sehen Sie, genau meine Rede. Jedenfalls habe ich eine Weile noch ausgeharrt, auf dem Sofa liegend in, in, wie heißt das wieder, Löffelchen, nein, falsche Baustelle, Embryostellung lag ich dort, habe eingeatmet ausgeatmet, eingeatmet ausgeatmet, musste dann aufspringen, musste meine Handtasche holen auf der Suche nach Zündhölzern, um diese Kerze auf dem Couchtisch anzuzünden. Das war genau das, was ich gebraucht habe. Selbst ein kleines Licht kann die Finsternis verbreiten, nicht wahr, das ist eine Tatsache, die ich nicht nachts im Fernsehen gelernt habe, sondern bei Frau Gottbier. Emma, hat sie mir bei jedem Besuch eingebläut, egal, was geschieht, denke immer immer immer daran, dass es immer immer immer etwas Positives gibt. So zu denken hilft, Frau Doktor, also zumindest dann, wenn man nicht gefühlte Ewigkeiten in der Handtasche wühlen muss und doch nichts findet. Also jedenfalls nicht das, was man sucht. Und das macht mich wahnsinnig, wirklich, es macht mich wahnsinnig, etwas zu suchen, von dem ich genau weiß, dass es da sein muss, und ich finde es nicht dort, wo es sein muss, weswegen ich, es ging nicht anders, die Handtasche gepackt und umgedreht und sie geschüttelt und geschüttelt geschüttelt geschüttelschüttelschüttschüttelt habe und sich ihr ganzer Inhalt über den Boden verteilte wie moderne Kunst, Jesus, Maria und Josef. Zum Glück gab es weder aus den Nachbarwohnungen noch aus dem Babybettchen irgendwelche Beschwerden noch überhaupt irgendwelche Reaktionen, sonst hätte ich für nichts garantieren können, also habe ich, man ist ja gerade so gut in Schwung und hat sowieso nichts Besseres zu tun, jedenfalls habe ich ein paar feuchte Blätter Küchenrolle geholt und unter dem Sofa sauber gemacht und unter dem Babybettchen, also zumindest den Teil des Bodens, den meine Hand erreichte. Was man eben macht mitten in der Nacht, nicht wahr. Habe das dann irgendwann aufgegeben, genau wie die Suche nach den Zündhölzern. Habe mich eine Weile in einer Art Yogasitz hingesetzt, habe die Augen geschlossen und geatmet. Habe einfach nur geatmet. Und tatsächlich, es wirkte. Plötzlich wusste ich wieder, wo ich Zündhölzer finden konnte, natürlich in der untersten Schublade vom Kommödchen. Wo denn sonst als in einer abschließbaren Schublade. Messer Schere Feuer Licht sind für kleine Babys nicht, gelernt ist gelernt. Großmutter Hermines Zündhölzer, die ich mir im Früher heimlich von ihr borgte, damit mich Prinzessin Vanessa nicht weiter auslacht, wenn ich leise, leise in mich hinein singe, ohne es zu merken, ein Knabe hatte ein Mägdlein lieb, sie flohen gar heimlich von Hause fort, und anstatt mich auszulachen mich mit ihrer Clique im Mädchenklo Rauchen üben ließ. Sie flohen gar heimlich von Hause fort, es wusst's nicht Vater noch Mutter. Spannend fand ich es, mit drei vier fünf Zündhölzern gleichzeitig in den Ritzen zwischen den Bodenkacheln, krrrrrschschpffsch, dann splitterten drollig kleine Wunderkerzenfunken in alle Richtungen. Ich denke gerne daran zurück, wissen Sie, weil ich so meine Kind, Quatsch, meine Pubertät zurück erhalte, nicht, dass das eine großartige Zeit war, was ist denn großartig daran, zur Frau zu werden, großartig ist nur die Erinnerung daran, damals noch keine Kopftabletten schlucken zu müssen. Ob ich glücklich war? Gute Frage, nächste Frage. So etwas wie glücklich schon, also zumindest soweit ich das beurteilen kann. Will sagen, so glücklich man jedenfalls als Mädel und Schülerin sein kann. Im Mädchenklo drapierten wir uns im Halbkreis auf den Boden um Fee Vanessa und rauchten die Zigaretten, die die anderen heimlich von ihren Eltern geborgt hatten. Großmutter Hermine kaufte jeden ersten Monatsmontag in der Auferstehungskirche ein paar Packungen Zünd- holzschachteln, wahrscheinlich aus Angst, dass sonst Pfarrer Seibbold dem lieben Gott ihren Geiz petzt und der wiederum sie dann zur Strafe nicht in den Himmel lässt. Saß dann auf dem Sofa mit ihrem Teeglas und fingerte die Zündhölzer aus den Schachteln, einzeln legte sie die in die eine Schatulle auf dem Sofatisch, die gerne aus Bronze, gerne antik gewesen wäre, Klammer auf, aber ihr Kupferelend nicht verleugnen konnte, Klammer zu, wobei sich Großmutter Hermine die Mühe und Angst hätte sparen können, weil der Pfarrer Seibbold einerseits von Gottes Hand erschaffen und dazu berufen wurde, Wunder zu tun, andererseits dafür mit Zungenkrebs belohnt wurde. Mhm. Ja, eine üble Sache, ich weiß. Kurz und klein jedenfalls auf dem Schatullendeckel eingraviert Ostpommern, womit ein Jammerkaffkirchlein gemeint ist mit einem Storchennest auf der Turmspitze. Links davon die Pfarrei und drei Armeleutehäuser. Dahinter Pflaumenbäume, drei oder vier, ich weiß es nicht mehr genau, rechts ein Schweinekoben. Oben im Himmel Wolken voller Störche, erkennbar an ihrem kantigen Flug. So viele Details, mit einer Geduld graviert, die ich im Leben nicht hätte. In der Schatulle, ich mag dieses Wort, Schatulle, diese cremigen Buchstaben, diese Beinahewelle am Schluss, in der Schatulle nichts mit Geduld sortiert. In ihr Chaos und Willkür. Haarbänder noch und nöcher, eine Papiertüte voller Knöpfe und ein Dorfmädchenarmreif mit vierblättrigen Kleeblättern, das Großmutter Hermine von ihrer Großmutter geschenkt bekam. Die hieß Hubertina, bilde ich mir ein, und bekam es von ihrer Großmutter geschenkt, weil sie in zwei verschiedene Richtungen schielte, bis sie ein Gelübde bezüglich der Dorfburschen ablegte, und nach der nächsten Beichte war das Augenproblem Vergangenheit. Aber wir alle glauben ja an Zufälle, nicht wahr? Hubertina also erhielt als Dankgeschenk diesen Armreif von ihrer Großmutter Ida Sophie oder so und die bekam es von ihrer Großmutter und so weiter und so fort, und am Ende landen wir bei Adam und Eva. Ich bekam es an meinem achten Geburtstag überreicht, in einem

Etui, das in ein grünes Geschenkpapier mit gelben Schmetterlingen eingewickelt war, dazu gab es Muckefuck und einen Stachelbeerkuchen mit Butterstreuseln und Zimtzucker, der so groß war, dass mir am Ende Beeren aus den Ohren ploppten und Streusel aus der Nase. Bis heute habe ich keinen Kuchen gegessen, der leckerer wie dieser war. Als, ja. Und den Armreif habe ich immer getragen, den habe ich niemals abgenommen, niemals, bis zu meiner ersten Erdbeerwoche, ab da nämlich wurde mir das Geläster der anderen Mädel zu viel, das war so, als ob das mir mit einem Schreibstock aus böse, bitte, ja, natürlich, mit einem Schraubstock aus bösen Worten den Kopf zermatscht, innerlich, weswegen ich, es ging nicht anders, den Armreif abgelegt und in der Schatulle verstaut habe. Bemerkenswerterweise habe ich seitdem auch kein Glück mehr gehabt, und schon wieder haben wir einen dieser Zufälle, schon klar. Blablabli, blablabla. Fakt ist, oder nein, lassen Sie mich Großmutter Hermines Lieblingssatz verwenden, man kann an der schlichten Tatsache nicht vorübergehen, dass seitdem alles so fade war. So fade. Das Leben wie Grießbrei ohne Quittenmarmelade. Alles so fade. Also abgesehen von Marius, dachte ich zumindest. Deswegen habe ich mich noch einmal vergewissert, dass im Babybettchen alles in Ordnung ist, bin in die Kochecke, habe einen Rest Suppe in der Mikrowelle aufgewärmt. Kürbiscremesuppe mit Estragon, Gundelrebe und einer Idee von Dill, selbstverständlich, ich habe ja nicht umsonst bei Frau Schuhkauf gelernt. Dazu noch ein wenig gehobelter Parmesan, weil es den im Angebot gab und man sich ab und an auch was Gutes leisten will. Wussten Sie eigentlich, dass das Paradies ein Ort ist, an dem die Leute auf einen Berg aus geriebenem Parmesan sitzen und nichts tun als Makkaroni zu essen und Chianti zu trinken? Ich lüge nicht, Frau Doktor, das hat ein italienischer Dichter bewiesen, und ich finde diese Tatsache sehr hübsch, wobei ich glaube, er hat Makkaroni und Stringozzi verwechselt. Mhm. Egal. Das Suppenschälchen jedenfalls drehte sich, es drehte sich und drehte sich. Diese brooklynbeige Terracottaarbeit, die mir eigentlich den Appetit verderben musste, weil sie ein Geschenk meiner Chefin war, aber irgendwie war ich zu, zu, erschöpft trifft es nicht, zu innerlich ausgebrannt, irgendwie, um mich um solche Lästigkeiten zu kümmern. So viel Müdigkeit in mir, wissen Sie, so viel Müdigkeit. Müdigkeit Müdigkeit Müdigkeit. Ich also am Fenster stehend habe ein Glas Wasser getrunken und eine Kopftablette geschluckt und dann noch eine, habe die Straße angestarrt und die Fenster des einzigen Fachwerkhauses der Straße, in denen es nichts Anstarrenswertes gab, habe dann das Schälchen angestarrt, das sich noch immer drehte drehte drehte und Geräusche machte und Gerüche verbreitete und Suppenblasen spritzen ließ. Und das sah doch ein wenig drollig aus, denn umso länger ich einen Punkt anstarrte, umso mehr verlor alles seine Gestalt, umso milchiger wurde alles. Begann sich alles zu drehen wie das Schälchen, und alles drehte sich, alles drehte sich, alles alles alles drehte drehte drehte sich. Kann sein, dass ich die Arme ausgebreitet und die Augen geschlossen und mich auch gedreht habe, das hilft mir manchmal, wenn meine Gedanken ankerschwer mich abwärts ziehen, ich eigentlich nur noch Hefeteig sein möchte, Sie wissen schon, Decke über den Kopf und einfach in Ruhe lassen. Kann auch sein, dass ich einfach nur dort stand und keine Geräusche machte und nach gar nichts roch, wie immer. Ich weiß es nicht, ist mir auch egal, fragen Sie den lieben Gott, vielleicht antwortet er Ihnen ja. Biiiiing. Das Schälchen drehte sich nicht mehr. Ich habe mich mit meinem Essen aufs Sofa gesetzt, ganz langsam, damit die Federn nicht jaulen und im Babybettchen weiter Ruhe herrscht. Habe das Foto hervorgeholt aus der Schublade ganz unten. Wissen Sie, Frau Doktor, ich schäme mich dafür, aber was soll ich sagen, als ich das Foto in der Hand hielt, da war auf einmal in mir dieses Bedürfnis, es über die Kerze zu halten, das Foto, da war in mir ein Drang danach, seinen Blick auszulöschen und sein Lächeln und somit auch seine Anwesenheit. Marius ganz auszulöschen und mit seinem Foto jede Erinnerung an ihn. Ja, ich schäme mich dafür, das können Sie genau so aufschreiben, weil ich doch eigentlich nur ein gutes und liebes Leben führen und niemandem etwas Schlechtes oder Böses tun will. Sähe Gutes, ernte Gutes. Sähe Böses, ernte Böses. Das ist wie mit dem einzigen Foto meines Vaters, hinten im Flur von Großmutter Hermines Wohnung, Sie erinnern sich vielleicht, der Linksscheitel mit diesem Ober-kellnerbart. Anstelle eines Vaters keine Erinnerung. Wissen Sie, ich könnte Ihnen nicht sagen, wie oft ich früher diesen Scheitel und diesen Bart angeschaut habe, ohne mich jemals an irgendetwas Gutes zu erinnern, ohne mich jemals an irgendetwas Schlechtes zu erinnern. Ohne mich jemals an überhaupt irgendetwas zu erinnern. Irgendetwas zu fühlen. Jetzt, wo ich so darüber nachdenke, weil ich davon rede, ich weiß gar nicht mehr, was mit dem Foto passiert ist, damals, als Großmutter Hermine von irgendwelchen schwarzen Anzügen aus der Wohnung getragen wurde, die so gleichgültig waren, dass sie nicht einmal merkten, wie die Decke über ihr verrutschte und Füße wie die von Krähen herausschauen ließ. Verzeih, Großmutter Hermine. Ich weiß auch gar nicht mehr, was mit ihren ganzen anderen Sachen passiert ist, also mit dem Holzlöffel und dem Topf oder mit ihrem Fächer in der Putzzeugschrankschublade oder mit dem

Karton voller Stiefvaterbriefe. Ich weiß nur, dass ich im Wohnzimmer saß auf ihrer Schlafcouch und den Porzellanneger ansah, der auf dem Fernseher stand, so einer, wie man sie aus den Schaufernstern von Südstadtantiquitätenhändlern kennt, so ein Neger mit Turban und so etwas wie einem Pluderkostüm, der zwar barfuß war wie Großmutter Hermine und wie ich, aber anders als ich war er nicht enttäuscht darüber, dass sich niemand für mein Bretterabiturzeugnis interessierte. Geschweige denn diesen meinen Erfolg mit mir feiern wollte und mit Muckefuck und Stachelbeerkuchen. Aber naja, was soll's. Wer bin ich denn schon. In jener Montagsnacht jedenfalls hatte ich mich schon vorgebeugt, hatte ich schon die Hand mit Marius' Foto ausgestreckt, schon ganz nah vor der Kerzenflamme war sein Gesicht, so nah, dass sich die eine Ecke leicht einrollte, doch dann fiel mein Blick auf das Babybettchen. Man kann an der schlichten Tatsache nicht vorübergehen, dass ein Kind Verantwortung bedeutet, ein Kind Verpflichtungen bedeutet. Dass sich beides addiert Leben nennt. Hier ist mein Leben? Hier ist dieses Foto. Ich habe es nicht verbrannt, habe es nur fallen lassen. Griff dann zum Suppenlöffel, löffelte das Schälchen halbleer, dann war der Hunger Vergangenheit. Appetit hatte ich sowieso keinen, wozu also die Suppe aufheben. Daher habe ich den Suppenrest in den Müll gepfeffert. In mir der Drang, nicht nur das Essen, sondern mein komplettes Leben in den Müll zu kippen. Ich weiß noch, wie ich meinen Fuß von der Müllklappe zog und der Mülleimer sein Maul schloss mit einem geraschelten Rülpser, wie ich meinen Fuß wieder auf die Klappe stellte und der Eimer wieder rülpsend wieder sein Maul aufriss. Ich habe das Schälchen über den Eimer gehalten, habe überlegt, ob ich es einfach fallen lassen soll oder mit Schwung in den

Müll werfen, habe beides spontan abgelehnt. Warum? Als ob ich das wüsste, Sie sind ja witzig. Was kann denn das Schälchen dafür, letztendlich. Aber das Foto musste in den Müll, da wird mir jeder vernünftige Mensch zustimmen. Und der ganze Lärm müsste idealerweise ebenfalls in den Müll. Sagt man denn nicht, dass man sich von Erinnerungen und Gefühlen befreien, dass man loslassen muss, um nach vorne schauen zu können? Eben, und Ihr Nicken interpretiere ich als ein Ja. Hier ist nur Lärm in mir. Lärm in meinem Atem, Lärm in meinen Bewegungen, Lärm in meinem Kopf. Lärm Lärm Lärm Lärm Lärm. Kaum war das Mülleimermaul geschlossen, öffnete sich ein anderer Mund, und zwar natürlich der, dessen Stimme dieses eine Lied erklingen lässt. Nur dieses eine Lied habe ich behalten, sonst nichts, Frau Doktor, nur dieses eine. Sie sind gewandert hin und her, sie haben gehabt weder Glück noch Stern. Wissen Sie, das erzähle ich Ihnen nicht nur, weil es mich wirklich wahnsinnig langweilig anstrengt, über mein Inneres zu reden, sondern auch, weil es die Wahrheit ist. Sie haben gehabt weder Glück noch Stern, sie sind verdorben, gestorben. Ununterbrechbar, unversöhnlich schwelt diese Stimme, kokelt dieses Lied in mir wie Kopfschmerzen und jener Ohrfeigenregen, der alles, alles wegspült, nichts als Nebel übriglässt. Nebel in den Augen, Nebel im Herzen, Nebel im Sein.

Rauchen ist noch imm? Ja. Ach, wozu frage ich überhaupt.

Tatsächlich wurde am Ende alles neblig. Alles so neblig wie sinnlos. Bin ich am Ende wahrscheinlich noch einmal eingeschlafen, anschließend nur halb aufgewacht. Ich durch einen Pudding aus Straßen watend umzingelt von wirren und verwirrenden Bäumen Ampeln Schaufenstern. Hier und dort herabgelassene Rollos wie geschlossene Kroko-dilsaugen. Backsteinmelancholie mit Arbeiterklassebalkonen voller Efeu und Kräutertöpfen und so. Neben einer Stra-ßenbahnhaltestelle Lichtreklame eines Dönerla, nein, einer Sushibar. Irgendwo Palatschinkenduft, mitten in der Nacht, ich lüge nicht, dann irgendwo ein Auto an einer Elektro-zapfsäule, daran erinnere ich mich sogar noch ganz genau, ungefähr so erstaunlich blau war das Auto wie diese bota-nische Unglaubwürdigkeit in meinem Bad. Scilla bifolia. Erinnerungsfetzen, jeder einzelne viel zu grell und hastig, um sie verstehen zu können. Neblig mein Gehirn und Körper, neblig meine Beine und Schultern, alles ohne auch nur ein Milligramm Körperspannung. Dieses mein Zitrön-chenherz eine vom Garderobenhaken gesackte Jacke. Dann ich beim Hieserleinbrunnen, ich beim Hallertürlein. Ich beim Beethovendenkmal, ich beim Schnepperschützbrun-nen. Keine Menschenseele weit und breit. Dann ich bei der Prinzenvilla. Seltsam, was unser Gedächtnis behält, nicht wahr, seltsam, was unser Gehirn befiehlt. Seltsam, wie uns unsere Füße immer wieder ganz von selbst zu einem Irgendwo tragen, ohne uns zu fragen, ob wir dort überhaupt sein wollen. Meine etwa ließen mich wie eine wütende Katze zum Oldtimerporsche schleichen, eine, die ihre Pfote genau so flach auf die Motorhaube legt, wie sie es bei Law & Order gelernt hat, eine, die in sich die Frage fauchen fühlt, ob sie ihren Schlüsselbund packen und den blaublümleinblauen Lack mit vielen vielen vielvielvielen Kratzern entwürdigen ruinieren zerstören soll. Oder doch einfach nur mit Beleidi-gungen? Dreckschwein falscher Fuffziger untreuer Bastard Hurensohn schwanzgesteuerter Lügner, irgendwelche Schämdichworte, für die mich im Früher Großmutter Hermine mit Abmahnungsaugen niedergekanzelt hätte.

86

Schweigend. Und zu Recht. Kalt die Motorhaube, kalt mein Herz. Weil alles so neblig wie sinnlos war, waren auch meine Gedanken so neblig wie sinnlos, habe ich meinen Schlüsselbund wieder eingesteckt, bin ich von einem Nachtschatten zum nächsten bis zur Prinzenvilla. Wissen Sie, wie ich dann am Rostzaun, Scheiße nochmal, nein, als ich dann am Rostzaun stand und kein Geruch von Trauerweiden und Wildthymian mich küsste und ich die Barocknackige ansah mit einem Gefühl, als ob sie mich auslacht, ja, dann kam mir wieder diese verrostete, lockere Zaunstrebe in den Sinn. Mit einem Schlag wusste ich, was ich tun muss. Ich wusste es. Kennen Sie diese Gedanken, die so plötzlich aufblitzen, und auf einmal ist alles, alles ganz hell? Ja, dumme Frage, tut mir leid. Genau so war es bei mir. Sie haben gehabt weder Glück noch Stern, sie sind verdorben, gestorben. Ich wusste nun, warum mir Großmutter Hermine ihr Lebtag lang predigte: Emma, es wird der Tag kommen, an dem du jede Antwort von selber findest. All die Zeit etwa habe ich mich gefragt, wie man in einer Prinzenvilla leben und so viel Mühe und Aufmerksamkeit und Liebe, Klammer auf, und Geld sowieso und doppelt und dreifach im Kubikquadrat, Klammer zu, in derart wimmelbuchviele Details investieren kann, aber gleichzeitig eine so lockere, eine so einfach und eindeutig störend falsche Zaunstrebe fast lachhaft vernachlässigt und nie repariert. All die Zeit war die Erklärung für diesen dämlichen Dusselschusselfehler doch derart demonstrativ deutlich, ich müsste mich ohrfeigen wegen meiner Blindheit, ich meine, entschuldigen Sie, aber ernsthaft, man kann an der schlichten Tatsache nicht vorübergehen, dass Marius als Architekt nur mal eben kurz zum Telefon hätte greifen müssen, ist das grammatikalisch richtig so, hätte greifen müssen, ja, egal, jedenfalls wäre keine zehn Minuten später eine neue Zaunstrebe eingesetzt, fertig, ciao ciao, schönen Abend noch. Man kann an der schlichten Tatsache nicht vorübergehen, dass er aber eben nicht zum Telefon gegriffen hat. Die Summe all dieser Tatsachen ergibt ein Gefühl, das ungefähr so verblüffend gut ist wie das wie damals, als ich im Bus verstand, wie recht Doktor Grominski hatte, oder wie damals, als mich Melitta besiegt angesehen hat. Und weil man nicht umsonst immer irgendwann einen Sinn entdeckt, der schon immer vorhanden ist, habe ich mich umgesehen, und nachdem niemand zu sehen war, einatmen ausatmen, einatmen ausatmen, habe ich diese Roststrebe gepackt, habe an ihr gedreht und gerüttelt, bis ich sie in der Hand hielt, und mit ihr in meiner Hand bin ich zur Haustür. Sie haben gehabt weder Glück noch Stern, sie sind verdorben, gestorben. Kalt mein Finger auf dem Klingelknopf, zwei Mal kurz, zwei Mal lang, zwei Mal kurz, das habe ich ein paar Mal versucht, aber ohne Erfolg natürlich, das nennt sich Logik, denn immerhin konnte Marius gar nicht auf dieses Geheimzeichen reagieren, weil er nicht allein zuhause war. Kalt meine Finger auf meinem Arm, einatmen ausatmen, einatmen ausatmen, als ich mir das Pflaster vom Arm abgerissen und es so auf den Klingelknopf geklebt habe, dass der Klingellärm unmöglich ignorierbar war. Licht ging in der Beletage an, Licht ging im Hausflur an, jemand drückte den Türöffner. Bssssssssssssss. Kalt meine Hand auf dem Türknauf, als ich die Tür aufgemacht habe, kalt mein Atem, als ich die Treppe innen hinaufgestolpert bin, zuerst drei Stufen, dann an den Briefkästen vorbei, dann vier Stufen zur Wohnungstür. Ich will eigentlich gar nicht davon erzählen, wie kalt mein Herz war, als ich dort Madame Griesgram stehen sah, sonst müsste ich mit Tränen statt mit Worten von dem Gefühl erzählen, sie in einem quittenfarbenen

Morgenmantel mit Spitze am Saum zu sehen, der aus Seide war und nur das wirklich allerallerallernötigste von der Frau verdeckte, die mich, einatmen ausatmen, einatmen ausatmen, eiskalt jedes einzelne Detail wahrnehmen ließ, angefangen bei dieser teuren Spitze über ihre Beine, die mich neidisch machten, über ihren Bauch und ihr Dekolleté bis hin zu ihren Augen, ihren Augen, ja, aus dem Schlaf gerissene und mich wie Gefängnismauern anstarrende Augen, von meiner Anwesenheit so hemmungslos überraschte Augen. Obwohl, wenn ich es mir recht überlege, nicht so hemmungslos überrascht, wie ich es erwartet hätte, sondern wütend. Mein Herz nicht mehr kalt, meine Seele nicht mehr kalt, nichts mehr in mir kalt, nein, von einem Moment zum anderen war alles in mir so heiß, tatsächlich, so heiß, mit einem Schlag kochte, nein, schäumte alles in mir, mein Herz, mein Herz, nein, alles in mir plötzlich so voller Wut. Keine Ahnung. Können Sie sich auch nur annähernd vorstellen, wie sehr mich diese ihre Wut wütend machte? Dabei war nicht ihre Wut, war nur meine Wut richtig, jawohl, nur meine Wut war richtig, schließlich bin ich doch diejenige, die wütend sein durfte, und das können Sie genau so in Ihrem Diagnose-bogen, Gutachten, in Ihrer Klarstellung festhalten, was auch immer das hier werden soll, ich musste wütend sein dürfen, so wütend, selbst wenn alle Meere Papier und alle Wellen Tinte wären, so könnte ich doch nicht all meine Wut in Worte fassen. All meine Enttäuschung, all meine Ohnmacht und diesen ganzen Hoffnungsdurchfall. Unser gemeinsames Leben? Unser Leben ohne Heimlichkeit? Legen wir doch mal die Karten auf den Tisch, Frau Doktor, ich meine, das hätte meine Prinzenvilla, hätte meine Beletage sein sollen, ja. War es aber nicht. Das hätte mein Bett sein sollen, aus dem ich sie geklingelt habe, ja. War es aber nicht. Das hätte mein Morgenmantel sein sollen, das hätte mir gefallen, war es aber nicht. Diese Seidenspitze, diese Beine, selbstverständlich hat Frau Knöpping keine Gurkenbauerbeine, was denn sonst als das Gegenteil von Sauerkraut ist ihre Haut, obgleich sie fünfzehn Jahre älter ist als ich, tja, nur gelten andere Regeln für eine Frau, die ein Café mit eigener Rösterei betreibt und mit einem Architekten verheiratet ist und sich daher allsommerlich Urlaub in New York gönnen kann und straffe Haut und straffe Beine und einen straffen Bauch. Die kann mich eiskalt dort im Türrahmen stehend ihre fragenden Augenbrauen wahrnehmen lassen und ihre ratlosen Wangen und ihre erstarrte Körpersprache. Wer bin ich denn schon. Vor allem und ganz besonders diese vollkommen erstarrte Körpersprache. Ihre Augenbrauen Fragezeichen, ihre Wangen Ausrufezeichen. Ihre Körperspannung, ich weiß nicht genau, Beton? Ich sage jetzt einfach mal Beton, wir haben schließlich nicht ewig Zeit, schließlich merke ich doch, dass Sie immer häufiger auf die Uhr schauen, ich bin doch nicht blöd, schließlich vergesse ich auch nicht, dass die Sitzung bald beendet ist, und ich will Ihnen ja auch nicht Ihren Feierabend wegnehmen, also lassen Sie mich weiter reden, bitte, bevor ich wieder den Faden verliere, Beton Ausrufezeichen andere Regeln, ja, andere Regeln für solch eine Frau, die mich mit vollkommen einbetonierter Körperspannung besiegen wollen kann und mit absoluter Ablehnung. Alles an Madame Griesgram absolute Ablehnung. Ablehnung ihre eine Hand, mit der sie den Morgenmantel zusammenraffte, Ablehnung ihre andere Hand, mit der sie mir den Weg versperrte. Ablehnung die Wutfalten ihrer Stirn Augenbrauen Wangen Halshaut, aber weil niemand immer alles klaglos akzeptieren kann, weil jeder irgendwann daran zerplatzt, den eigenen Wutdreck immer und immer wieder und wieder widerspruchslos hinunterzuwürgen, löste sich all dies in Luft auf und wurde so nutzlos wie ihre straffe Haut und die teure Spitze, sobald die Roststrebe fast geräuschlos in ihrem Bauch versank, und wissen Sie was, das war überhaupt nicht so schwer, wie man es sich gemeinhin vorstellt, es war eher so, als würde ich mit einer Schere einen Kaffeebohnensack aufpieksen, ich lüge nicht, zwei Mal, drei Mal, fünf neun elf zweiundvierzig Mal. Nur ein einziges Mal? Wenn Sie das sagen. Säe Gutes, ernte Gutes. Säe Böses, ernte Böses. Ich sehe es genau vor mir, wie all die in ihr schwelende Häme und Herablassung in sich zusammenfiel wie ein vom Kleiderbügel gerutschtes Kleid, wie hämisch ihre Hände den Morgenmantel aufgehen und mich dieses Minimum aus Seide unter ihm wahrnehmen ließen, das müssen Sie sich mal vorstellen, ernsthaft, an der Wand zu Boden gleitend ließ mich Madame Griesgram eiskalt jedes einzelne Detail davon wahrnehmen und erreichte damit genau das, was sie doch offensichtlich erreichen wollte, nämlich dass ich es gehasst habe, jedes einzelne Detail wahrzunehmen, bis ich die Augen geschlossen und die Roststrebe mit einem Geräusch wieder herausgezogen habe, das, nun ja, wie soll ich Ihnen das Geräusch eines an der Wand lehnenden, zur Seite kippenden Kaffeesacks beschreiben oder das eines auf der Türschwelle zuckenden Hausschuhs oder das eines Mundes, der sich beschweren will, aber doch nicht beschwert, nur mit Putzlappenlippen den Boden abwischt? Wie ein Nichtlächeln, einen gigantischen Gaumen hinter so vielen namenlosen Zähnen? Sie allein noch ein Gurgeln aus Blut, das sich kurz, ganz kurz nur aus ihrem Mund quetschte und aus ihrem Bauch. Das abebbte. Abebbend verstummte. Und Ende. Und mit diesem Ende besiegte mich die Müdigkeit, und mit der Müdigkeit auch die Enttäuschung. Damals wie heute so viel Müdigkeit in mir, Frau Doktor, damals wie heute so viel Enttäuschung. Müdigkeit Enttäuschung Müdigkeit Enttäuschung Müdigkeit. Wissen Sie, ich bin jetzt nicht nur enttäuscht darüber, dass unsere Gesprächszeit in, Sekunde, ja, in drei Minuten abgelaufen ist, ich zurück in meine Zelle muss. Ich mag Sie nämlich, irgendwie, weil Sie so gut zuhören können. Mir hat noch nie jemand zugehört. Ich bin nicht nur enttäuscht darüber, dass mir in meiner Zelle niemand zuhört, oder darüber, dass es niemand für nötig hielt, mir beispielsweise zu sagen, was mit meinen Sachen geschehen ist. Das können Sie gerne genau so vor Gericht aussagen, können Sie gerne genau so in meiner Krankenakte, meiner Klarstellung, meinem Behandlungsbogen festhalten, was auch immer das hier werden soll, also los, schreiben Sie, Emma hätte gerne gewusst, nein, schreiben Sie, Fräulein Zeidelsberger hat ihrer persönlichen Meinung nach ein Anrecht darauf, Komma, zu erfahren, Komma, was mit ihrer Bialetti geschehen ist und mit ihren siebeneckigen Bleistiften, Komma, mit ihrer Scilla bifolia und dem Babybettchen mit dem Lichtspiel und der Babypuppe, Punkt, nein, Komma, nein, Semikolon, genau, setzen Sie ein Semikolon, Fräulein Zeidelsberger weiß sehr wohl, Komma, dass sie kein Baby hat, Komma, nur eine Puppe, Punkt, sie hat ja auch nie etwas anderes behauptet, Punkt. Sie sind anderer Meinung? Tut mir leid, dafür kann ich nichts, dann haben Sie mir nicht akkurat genug zugehört. Vielleicht sollten Sie Ihre Unterlagen noch einmal durchlesen, und zwar gründlich, also später, in Ruhe, nicht jetzt. Das hätte ich mir eigentlich auch denken können, ich hätte Ihnen diesen Rat schon früher geben sollen, aber wer bin ich schon, was bin ich schon abgesehen davon, enttäuscht darüber zu sein, mich an jenem Montag dort im Flur auf den Boden gesetzt und an die Wand gelehnt zu haben, zwischen Frau Knöpping und einem Schirmständer.

Das war ein Fehler, ein großer Fehler, das war vielleicht mein größter Fehler überhaupt, und zwar nicht nur deswegen, weil mein Zeigefinger ganz von allein den Schirmständer beklopfend eine Melodie entstehen ließ, ding ding ding, dingdingding ding, ding ding ding, ding ding ding, drei oder vier Mal, bis mich irgendwelche Uniformen hochgezerrt und mitgenommen haben, und ich, ich habe mich nicht dagegen gewehrt und nicht gesträubt. Warum und wogegen denn auch? Mein Herz, ach ja, mein Herz ein leergebrannter Komposthaufen, damals und heute bedeckt und beschwert, doch nicht bewahrt, nicht beschützt von dieser Stimme, die leise, leise in mir summt. Auf ihrem Grab Blaublümelein blühn, umschlingen sich zart wie sie im Grab. Unversöhnlich, unauslöschlich sang und singt diese Stimme in mir, wissen Sie, nur für mich und niemanden sonst. Umschlingen sich zart wie sie im Grab, der Reif sie nicht welket, nicht dorret. Frau Doktor, ach, Frau Doktor. Das war hauptsächlich deswegen mein größter Fehler überhaupt, weil ich dort im Flur kauernd in das von der Straße aus so perfekte Wohnzimmer sehen und in ihm zwar den Kamin und all die Bücherregale entdecken konnte, aber anders als von mir ersehnt weder einen Rotkäppchenkorb noch ein Fell vor dem Kamin. Anders als von mir erhofft kein Fischgrätenparkett, anders als von mir erwartet nur schlichtes, alltägliches Laminat. Nur enttäuschendes Laminat.

2. Teil

Marius K.

Diese komische Frau würde ich nicht einmal im Traum anfassen.